Reinhard Kowalski

Yoga der Gefühle

Der Weg der Herz-Geist-Balance

Eine Anleitung zur psychologischen Heilung
und spirituellen Entwicklung
Mit großem Meditationsprogramm

WINDPFERD

1. Auflage 2004

Die Kapitel 2, 6 und 8 beruhen auf einer früheren Veröffentlichung des Autors, die 2001 unter dem Titel „The Only Way Out is In" bei Jon Carpenter Publishing, Alder House, Market Street, Charlbury, England erschienen ist.
Umschlaggestaltung: Kuhn Grafik, Digitales Design, Zürich
Deutsche Übersetzung und Bearbeitung: Sylvia Luetjohann
Gesamtherstellung: Schneelöwe, Aitrang
ISBN 3-89385-434-7

Printed in Germany

Inhalt

Vorwort

Psychologie könnte als die Religion der modernen Welt bezeichnet werden, zumindest was die Länder der wirtschaftlich hochentwickelten Welt und ihre geistige Elite betrifft. Wir alle analysieren uns selbst, unser Verhalten und unsere Beziehungen, ob zu Hause, bei der Arbeit oder auf Reisen. Psychologie ist unsere Methode, unsere Psyche zu betrachten und zu versuchen, Veränderungen in unserem Bewußtsein einzuleiten, damit wir glücklicher und vollkommener werden. Oft ist der Psychologe wie ein Priester, der ein Rezept für Selbstverbesserung, Frieden und Vergebenkönnen verschreibt. Die psychologische Beratung ist ein Weg, mit der verborgenen Seite unseres Wesens zu kommunizieren und negative Verhaltensmuster auszutreiben, die uns aus der Dunkelheit auflauern.

Die Psychologie bietet uns eine Methode zur objektiven Untersuchung unseres Bewußtseins. Sie zeigt uns, wie wir an uns selbst arbeiten können. Sie ist nicht auf Glaubensbekenntnisse oder Rituale beschränkt. Sie schenkt uns keinen Retter, der unsere Probleme löst oder uns stellvertretend von unseren Sünden befreit. Sie legt das Problem und seine Lösung in unsere eigenen Hände.

Man könnte in der Tat Gründe dafür anführen, daß die Psychologie heute Teil einer neuen Spiritualität ist, die gerade im Entstehen ist, ein Weg zur Selbst-Verwirklichung, der im Gegensatz zu dem alten Weg der Unterordnung unter eine äußere Gottheit oder Kirche steht. Auch die Weltreligionen haben damit begonnen, sich in einer modernen psychologischen Sprache neu zu formulieren, was sie brauchbarer macht und weitaus mehr Anklang finden läßt. Wenn sich die Psychologie weiterentwickelt, wird sie sich natürlich auch ausdehnen und mehr spirituelle Werkzeuge in ihre Praxis integrieren. Dies hat die westliche Psychologie in die Richtung der östlichen Spiritualität geführt.

Diese Begegnung bringt es aber auch mit sich, die Grenzen der westlichen Psychologie zu erkennen, die ja schließlich ein neuer, kaum ein Jahrhundert alter Wissenszweig ist. Aus Sicht des Yoga könnte man argumentieren, daß der größere Teil der menschlichen Psyche – der ins Kosmische und Göttliche hineinreicht – noch erforscht werden muß und die westliche Psychologie davon weitaus weniger versteht. Sie scheint oft nicht der Weg zu sein, über die Grenzen des Geistes hinauszugelangen, sondern nur eine weitere Form, sich darin zu verfangen!

Diese Begegnung bringt weiterhin auch eine kulturelle Kritik mit sich, eine Überprüfung unserer gegenwärtigen, vom Westen dominierten Zivilisation, um zu erkennen, auf welche Weise der psychologische Zustand unserer Kultur – der neurotisch sein kann – unsere eigenen persönlichen Störungen beeinflußt, hervorruft oder aufrechterhält. Unsere gegenwärtige Psychologie bleibt, individuell und kollektiv gesehen, auf physische Wunscherfüllung und eine kommerzielle Kultur fixiert, die unserem größeren Potential als bewußte Wesen nicht gerecht wird und uns kein wahres Glück bringen kann.

Die östliche, oder wie wir sie auch nennen könnten, die yogische Spiritualität ist ebenfalls eine Form der Psychologie, doch dies ist nur ihr erster Schritt. Sie untersucht unsere persönliche Psychologie, um uns dann über sie hinaus zur überpersönlichen und zur kosmischen Dimension zu führen. Sie zeigt uns, wie wir unsere menschliche Psychologie in ein höheres Bewußtsein transzendieren können, durch das wir dann zum Beobachter oder Zeugen unseres Geistes werden können und nicht mehr von ihm beherrscht werden. Das heißt aber nicht, daß unsere besonderen psychischen Prägungen völlig verschwinden werden – ebensowenig wie sich unser Knochenbau verändert –, sondern daß wir lernen, unsere Psyche auf eine positive Art und Weise zu nutzen: einem Skorpion vergleichbar, dessen Stachel entfernt worden ist.

Die Integration von östlicher und westlicher Psychologie ist ein wichtiges und komplexes Thema, das uns mit den tiefsten Fragen des Lebens konfrontiert. Die östliche Welt hat eine viel tiefere und spirituellere Vorstellung von der Psyche. Sie bezieht frühere Leben, höhere Bewußtseinszustände und okkulte Kräfte in den Bereich des Geistes ein und stellt mit Yoga, Mantra und Meditation wirksame Hilfsmittel für die Veränderung des Geistes bereit, darunter auch die Arbeit mit dem Atem und den Sinnen. Trotz alledem kann der Osten sich auf der persönlichen Ebene psychologisch als naiv erweisen und für den Gefühlsausdruck in der geistigen Gesundheit keine angemessene Funktion vorsehen. Er kann die individuelle menschliche Dimension zugunsten von familiären, sozialen oder religiösen Bindungen ignorieren oder verdrängen; das Individuum geht völlig in diesen auf und kann äußere Verpflichtungen nicht transzendieren.

Für traditionelle Orientalen, wie Hindus und Buddhisten, ist die Hingabe an einen Guru oder eine Gottheit das Allheilmittel für sämtliche psychischen Probleme von Angst bis Schmerz, von Beunruhigung bis Depression. Eine derartige Hingabe ist eines der besten Hilfsmittel dafür, um eine emotionale Gesundheit zu schaffen, die über alle äußeren Anhaftungen hinaus zu dauerhaftem Seelenfrieden findet. Westlichen, in wissenschaftlichem Denken geschulten Menschen fällt es jedoch schwer, ein solches Rezept zu akzeptieren. Ohne Zweifel ist hier eine gewisse Anpassung erforderlich. Wir müssen unsere persönliche Dimension und unsere individuellen Bedürfnisse anerkennen und ihnen ihren Stellenwert geben, doch sollten sie in einen spirituellen Impuls integriert werden, der auch die Bedürfnisse aller anderen Wesen respektiert und höhere Quellen der geistigen Führung anerkennt. Wir müssen yogische Werkzeuge in einer Art und Weise adaptieren, die auf einer persönlichen und kulturellen Ebene für uns sinnvoll ist.

Viele Menschen im Westen, die östlichen Meditationswegen zu folgen beginnen, bleiben in ihren eigenen, in der Kindheit entstandenen, unaufgelösten Emotionen und unterbewußten Mustern stecken, die sie auf ihren Guru oder ihren spirituellen Weg übertragen, genauso wie sie diese auch auf ihren Therapeuten projizieren können. Die „Meditationsgeneration" ist auch die Generation der Baby Boomer, der zerbrochenen Familien und die Generation der Selbstbehauptung. Dies ist nicht gerade die beste Basis für spirituelle Praxis, die Selbstlosigkeit und Innenschau verlangt. Eine „erleuchtete Psychologie" ist daher eine große Hilfe, wenn nicht eine Notwendigkeit für diejenigen, die heute einen spirituellen Weg gehen.

Reinhard Kowalski ist ausgebildeter Psychotherapeut und hat ein solides Fundament von langjähriger Praxis auf dem Yoga-Weg. Er ist Anhänger von Paramahansa Yogananda – vielleicht dem größten Yogi, der im 20. Jahrhundert in den Westen gekommen ist –, dessen Lehren einen integralen Weg aus Meditation, Pranayama, Hingabe und Dienen anbieten; dieser Weg hält für jeden, der sich aufrichtig darauf einläßt, eine ausgewogene und heilsame Entwicklung bereit. Kowalski gibt Yoganandas ausgewogene Betrachtungsweise wieder und fügt eine psychologische Dimension hinzu, wodurch sie für heutige Menschen relevanter wird.

Es gibt keine echte äußere Lösung für unsere psychologischen Probleme – der Ausweg liegt innen! Es gibt keine höchste Freude durch das Ansammeln von weltlichen Dingen, wie Besitz oder soziale Stellung, wie nützlich sie auch dabei sein mögen, das äußere Leben zu erleichtern. Tatsächlich können sie eine Falle sein, eine äußere Verlockung oder Verwicklung, die uns daran hindert, nach innen zu blicken. All unsere Prüfungen und Leiden, die so viel Verwirrung und Aufregung verursachen, sind eigentlich himmlische Boten, die uns sagen, daß die äußere Welt nicht die wahre Realität ist, daß unser äußeres Wesen nicht unser wahres Selbst ist. Der einzige Ausweg in einem irgendwie dauerhaften Sinne liegt darin, tief in unseren eigenen Geist, in unser Herz einzutauchen.

Kowalski bietet eine hervorragende Brücke zwischen den besten Elementen der westlichen Psychologie und dem, was in der yogischen Spiritualität von größer Relevanz ist. Diese hat ihre Wurzeln in der ayurvedischen Medizin, der Schwesterwissenschaft des Yoga für die Heilung von Geist und Körper. Er hat mit praktischen Methoden in beiden Bereichen gearbeitet und zeigt, wie sie auf eine harmonische Weise miteinander verbunden werden können. Er weist auf die Bedeutung von Meditation, Pranayama, Mantra und Hingabe als psychologischen Hilfsmitteln hin und erklärt, wie sie zu nutzen sind, um unsere Gedanken, Emotionen und tiefsitzenden Konditionierungen zu verändern. Sein Buch ist ein praktischer Leitfaden, wie yogische Methoden zur psychologischen Transformation verwendet werden können, damit wir ein für allemal frei von unseren schwer in den Griff zu bekommenden negativen Gefühlsmustern werden und unbegrenzte Freude und Kreativität im Leben wiedererlangen können.

Eine solche Übertragung von Ost nach West ist nicht einfach. Dies ist keine theoretische Aufgabe, sondern sie muß in unserem Alltagsleben erfüllt werden. Das Buch spiegelt die tiefere innere Reise des Autors wider und wie er gelernt hat, sich selbst zu transformieren. Es zeigt auch, wie es ihm gelungen ist, seinen Beruf in spirituelle Arbeit umzuwandeln, wodurch er seinen Klienten auf einer viel tieferen Ebene seine Hilfe anbieten kann. Kowalski benutzt seine eigene spirituelle Reise als Metapher für psychologische und spirituelle Veränderung und weist darauf hin, daß auch andere Menschen einem ähnlichen Weg folgen können.

In diesem Buch geht es darum, wie psychologische Schwierigkeiten in spirituelle Chancen verwandelt werden können. Es lehrt auch, wie psychologische Schwierigkeiten zu überwinden sind, denen sich alle

Reisenden auf dem spirituellen Weg irgendwann einmal stellen müssen – in ihrer dunklen Nacht der Seele. Das Buch eignet sich sowohl für diejenigen, die psychologische Heilung suchen, als auch für diejenigen, die sich spirituell weiterentwickeln möchten.

Yoga der Gefühle sollte von allen Psychologen, Meditierenden und Yogalehrern gelesen werden, damit sie besser verstehen, wie ihre Praktiken für eine umfassende Transformation von Körper, Psyche und Geist zu nutzen sind. Es ist ein bahnbrechendes Werk in westöstlichen psychologischen Studien, das den Schritt vom Bereich der Theorie zur praktischen Anwendung tut. Und was äußerst wichtig ist: Es bietet eine wahre Fülle von einfachen Methoden, die jeder tagtäglich nutzen kann, um die Qualität seines Bewußtseins grundlegend zu verbessern.

Dr. David Frawley (Pandit Vamadeva Shastri)
Autor von Das große Handbuch des Yoga und Ayurveda,
Vom Geist des Ayurveda und Die spirituelle Praxis des Vedanta
ayurvedischer Arzt, vedischer Astrologe, vedischer Lehrer,
Direktor des American Institute of Vedic Studies in Santa Fé,
New Mexico

Einleitung

Meditation als Lebensstrategie?

Bei der Meditation geht es darum, den Geist ins Gleichgewicht zu bringen. Es geht auch darum, unsere Verbindung mit dem Göttlichen als Ausdruck des vollkommenen Gleichgewichts wiederherzustellen.

Die östlichen Lehren, die uns im Westen mit Meditation bekannt gemacht haben, stellen komplexe und ganzheitliche Philosophien oder auch eine Kosmologie des Lebens dar. Wir ziehen es häufig vor, Meditation zur Entspannung zu betreiben – ebenso wie wir Yoga auf die Praxis von Streckübungen reduziert haben. Dabei verbirgt sich so viel mehr hinter Yoga und Meditation. Yoga ist eine sehr alte und vielschichtige Lebensphilosophie, die Meditation als wichtigste Praxis zur Selbstverwirklichung lehrt. Mit Selbstverwirklichung ist die Verwirklichung des „höheren Selbst" gemeint. Yoga ist außerdem eine psychologische und kosmologische Lehre, die ausführlich erklärt, warum unser Leben so ist, wie es ist, und weshalb es sinnvoll sein könnte zu meditieren, wenn wir geistig gesund bleiben wollen.

In diesem Buch geht es um uns und um die äußere und innere Welt, in der oder mit der wir leben. Im Grunde genommen geht es um dich und um deinen Geist. Diese innere Welt ist unsere Psyche, unser nicht direkt greifbares, aber erlebbares Wesen. In der griechischen Mythologie ist *Psyche* die Geliebte von Eros, die Personifikation der Seele. Die westliche Psychologie hat den Begriff Psyche jedoch entspiritualisiert und die Gedanken und Gefühle der inneren Welt zu ihrem Wissensgebiet erklärt. Sie hat dadurch die Psychologie, die eigentlich das Studium der Seele sein sollte, zum Studium der Persönlichkeit reduziert. So weit ist die Verweltlichung unseres inneren Wesens gegangen, daß im Deutschen die Worte „Psyche" und „Seele" nahezu austauschbar geworden sind, während im Englischen zwischen *„psyche"* und *„soul"* noch deutlich unterschieden wird. Wenn wir hier den Begriff Psyche verwenden, so meinen wir damit alles, womit sich die westliche Psychologie beschäftigt.

Diese Verweltlichung der Psyche hat im Yoga nicht stattgefunden. Das Problem der Unterscheidung zwischen Psyche und Seele stellt sich erst gar nicht; beide werden als Manifestationen des göttlichen Geistes gesehen. Nach der Weisheit des Yoga ist damit der individuelle Geist die subtilste Form der Materie und sehr eng mit der Quelle der Schöpfung, dem göttlichen Geist, verbunden. Wir werden später das Yoga-System des Geistes noch genauer betrachten, und es wird uns zeigen, welche zentrale Rolle der Geist bei dem Prozeß spielt, sich selbst, den Körper und auch andere zu heilen.

Auch die westliche Psychologie gibt uns Erklärungen dafür, wie wir mit unserem individuellen Geist die Welt erschaffen, in der wir leben; denn das, was wir sehen und erfahren, hängt weitgehend von unseren gewohnheitsmäßigen Wahrnehmungen und Deutungen ab. Wir reagieren nicht auf die Realität selbst, sondern darauf, wie wir sie interpretieren. Deshalb können zwei Menschen, die sich in genau der gleichen Situation befinden, ihre Lebensumstände trotzdem grundverschieden erfahren, und was für den einen beispielsweise als bedrohliche Situation erscheint, mag für den anderen eine willkommene Herausforderung sein.

Wenn wir uns auf den Geist konzentrieren und in die Tiefe gehen, können wir dem Kern der Dinge ziemlich nahe kommen. Veränderungen, die hier ansetzen, sind außerordentlich wirkungsvoll. Um diese tieferen Ebenen jedoch zu erreichen und zu beeinflussen, müssen wir unsere Art und Weise des Denkens, des Wahrnehmens und Interpretierens etwas verändern. Eigentlich geht es darum, unseren Blickpunkt zu verändern und die Dinge von einer inneren Perspektive aus zu sehen.

Du magst dir nun die Frage stellen, warum du deinen Geist überhaupt verändern und die Dinge anders sehen solltest. Vielleicht geht es zunächst nur einmal darum zu akzeptieren, daß es keine schlechte Idee ist, etwas über deinen Geist zu lernen und darüber, wie du durch deine Konditionierung die Dinge auf eine ganz bestimmte, gewohnheitsmäßige und festgefahrene Art und Weise siehst. Wenn du lernst, wie dein Geist arbeitet, wirst du feststellen, daß sich die Dinge damit bereits zu verändern beginnen. Dann wirst du auch immer mehr lernen und verändern wollen. Dieser Vorgang läßt sich damit vergleichen, als würdest du ohne Scheuklappen eine Erweiterung deines Horizontes erleben, die gleichzeitig aufregend und bisweilen auch etwas beunruhigend sein kann.

Wenn du deinen Geist erforschen und verändern möchtest, solltest du zuallererst versuchen, Zeit und Raum nur für dich zu schaffen. Dies mag für viele eine recht ungewöhnliche Vorstellung sein. Zeit und Raum nur für mich? Ist es denn nicht gut, immer etwas zu tun zu haben – in einer geschäftigen Welt „im Geschäft" zu sein? Dabei spielt es fast gar keine Rolle, was du eigentlich tust und womit du beschäftigt bist.

Heute entdeckt die Psychologie das Phänomen der *spirituellen Intelligenz.* Spiritualität und Meditation gelten nicht mehr als etwas Abgehobenes, sondern es wird deutlich, daß sie die Qualität unseres Lebens hier und jetzt verbessern können. Selbst manche Psychotherapeuten entdecken die Meditation und entwickeln neue Therapiemethoden wie „Kognitive Therapie auf der Basis von Achtsamkeit", wobei buddhistische Meditation mit Kognitiver Therapie zur erfolgreichen Behandlung von Depression und Streß verbunden wird.

Nur wenige Menschen wissen bisher um die psychologischen, sozialen, politischen, ökologischen und evolutionären Aspekte der Meditation. Meiner Ansicht nach wird Meditation in der heutigen Zeit in all diesen Bereichen zu einer Notwendigkeit. Viele Philosophen und Naturwissenschaftler nehmen inzwischen an, daß Meditation und spirituelle Praktiken das kollektive Energiefeld beeinflussen können, das von Rupert Sheldrake als „morphogenetisches Feld" und von C. G. Jung als „kollektives Unbewußtes" bezeichnet wird (ich selbst nenne dieses gemeinsame Energiefeld, in dem wir alle leben, gerne „kollektiver Brei"). Thom Hartmann erklärt sogar, daß Meditation „zu den wichtigsten Tätigkeiten gehört, mit deren Hilfe wir die Welt retten können".

Meditation führt zur Freiheit von der Tyrannei der Bedürfnisse. In den letzten hundert Jahren sind die Ursprünge, Ziele und Strukturen menschlicher Bedürfnisse und Wünsche anhand von psychologischen Theorien erforscht worden. Yoga als Lebensphilosophie stellt jedoch unsere Bedürfnisse und Wünsche an sich in Frage und geht von einem Zustand der Glückseligkeit aus, der jenseits unseres gewöhnlichen Strebens nach Befriedigung liegt. Dieser Zustand der Glückseligkeit ist durch Meditation zu erreichen. Er unterscheidet sich sehr von dem Glück, nach welchem das Ego strebt, und ist weitaus intensiver als dieses. Yoga betrachtet die Wünsche und Begierden des menschlichen

Ego als Hindernisse oder Lektionen auf dem Pfad zur Glückseligkeit der Selbstverwirklichung. Dies läßt sich auch unter psychosozialen Aspekten betrachten, denn es ist unschwer zu erkennen, wie unser Leben von der Stimulation und Befriedigung von Wünschen beherrscht wird. Eine Lebensphilosophie, welche diesen Ansatz grundlegend in Frage stellt, ist daher beachtenswert.

Meditation ist alles andere als eine obskure Praxis, die mit mystischen Theorien erklärt oder gerechtfertigt werden müßte, sondern vielmehr eine Lebenspraxis, die auf der Wissenschaft und Metaphysik der Yoga-Weisheit beruht. Wir wollen hier die Wirkungen und Erklärungen der Yoga-Meditation entmystifizieren, ohne ihr jedoch das Mysterium ihrer Erfahrung zu nehmen. Damit sich dieser Prozeß in uns vollziehen kann, brauchen wir ein offenes Herz und einen offenen Geist, müssen mit unserem Verstand und unserem Herzen verstehen lernen.

Liebe und Wissen: Die Herz-Geist-Balance

> *Meditation ist in der Tat höher als der Geist. Die Erde, das All, der Himmel, das Wasser, die Berge, Menschen und Götter – sie alle meditieren sozusagen. Wer Gott als Meditation verehrt, so weit sie sich ausdehnt, so weit erlangt er die Macht zu handeln, wie er will.*
>
> Chandogya-Upanischad, VII.7

Überall scheint es eine starke Sehnsucht nach Spiritualität zu geben. Sie hat in den vergangenen Jahrzehnten zugenommen und steht in völligem Gegensatz zu der ausgesprochen nicht-spirituellen Welt, die wir Menschen geschaffen haben. In dieser weltweiten Sehnsucht nach Spiritualität spiegelt sich das Verlangen nach einem Sinn im Leben wider – ein Sinn, den das normale Leben für viele Menschen verloren hat. Ich spreche hier von einem tieferen oder höheren Sinn, irgend etwas außerhalb oder jenseits unser alltäglichen Belange wie Arbeit, Familie und materielle Dinge – ein spirituelles oder religiöses Ziel, das uns glücklicher machen könnte. Die wachsende Sehnsucht nach Spiritualität stellt auch eine notwendige Veränderung in der Evolution der Menschheit dar, einen globalen Wandel als Reaktion auf unser Abrutschen in Materialismus, Konsumhaltung und psychologische Zersplitterung hinein.

Die meisten von uns wenden sich der Spiritualität entweder dann zu, wenn sie auf einem Tiefpunkt angekommen sind, oder es geschieht durch harte Arbeit und Disziplin, wozu auch das Infragestellen vieler unserer tiefverwurzelten Ansichten und Gewohnheiten gehört. Dieses Infragestellen erfordert Wissen und Verstehen mit Geist und Herz, weil wir die Welt, in der wir leben, verstehen müssen, wenn wir uns auf die Reise zu höheren spirituellen Seinsebenen begeben möchten. Das Verständnis darüber, wie die Dinge ablaufen, führt zu Gewißheit, und Gewißheit bedeutet Stärke. Wenn wir die Welt verstehen, in der wir leben, werden wir dadurch auch die Hindernisse und Fallen auf dem spirituellen Pfad verstehen besser können.

In diesem Buch bildet die alte indische Wissenschaft des Yoga den Rahmen für ein solches Verständnis. Yoga ist ein System des Wissens und der Praxis, das seinen Ursprung in den Veden hat. Viele Fachleute halten diese indischen Schriften heute für die ältesten auf unserem Planeten, ihre mündlich überlieferte Form läßt sich möglicherweise mehr als 10 000 Jahre zurückdatieren. Yoga hat eine besondere Verbindung zum Vedanta; beide wurden von großen indischen Lehrern wie Swami Vivekananda und Paramahansa Yogananda in den Westen gebracht. Die Philosophie des Vedanta, der „Essenz der Veden", lehrt, daß unser wahres Selbst Gott ist und daß sich selbst zu erkennen bedeutet, Gott zu erkennen und mit allem eins zu werden. Die Weisheit und Praxis des Vedanta ist ausführlich in den *Upanischaden* und in der *Bhagavad-Gita* dargestellt. David Frawley vermutet, daß es sich beim Vedanta um „die älteste und dauerhafteste spirituelle Lehre Indiens" [1] handelt.

In meiner Erfahrung als Psychologe und Psychotherapeut ist mir deutlich geworden, daß Yoga ein sehr schönes und umfassendes Modell der Funktionen des Geistes darstellt und viele der Fragestellungen vertieft, mit denen sich die westliche Psychologie abmüht. Yoga führt diese Fragen weiter, weil er eine sehr klare und praktische Sicht unserer inneren und äußeren Welt anbietet, welche die Seele, den höheren Geist, Gott, Hingabe und Verehrung als Hilfsmittel der Heilung einschließt, was die westliche Psychologie größtenteils vernachlässigt.

Im Yoga bewegt sich Spiritualität von bloßem religiösen Ritual und Philosophie weiter zum praxisbezogenen Streben nach Selbsterkenntnis und Selbstheilung.

Im Zentrum der Yoga-Praxis steht die Meditation. Später wirst du in viele leicht nachvollziehbare psychologisch-meditative Übungen und das MindBalancing-Meditationsprogramm eingeführt werden. Alle diese Übungen haben nachweislich positive Wirkungen auf das innere seelische Gleichgewicht sowie auf die geistige und physische Gesundheit. Heute gibt es eine ganze Reihe von Forschungsergebnissen, die bestätigen, daß Meditation sowohl für körperliche Beschwerden von Asthma bis hin zu Herzproblemen als auch für psychische Probleme wie Angstzustände, Depressionen und Streß eine heilsame Wirkung hat.

Meditation ist eine kraftvolle Methode für die Heilung des Geistes. Im Osten werden die Menschen gewöhnlich von einem Lehrer in die Meditation eingeführt, und dieser verwendet große Sorgfalt darauf, den Geist seiner Schüler, ihre Art des Sehens, Denkens und Erfahrens behutsam zu erweitern. Dies braucht Zeit und schließt auch die Wissensübertragung ein. Wir im Westen haben uns leider an „Hauruckverfahren", knappe Gebrauchsanweisungen und Patentrezepte gewöhnt.

Zuallererst muß der Geist zur Ruhe gebracht werden. Es macht keinen Sinn, einfach zu erklären: „Na, dann meditiere ich halt mal!" Unser Geist wird bald viele Gründe dafür finden, weshalb das äußerst unpraktisch und eine Zeitverschwendung ist. Oder er wird uns mit Einkaufslisten, Erinnerungen, inneren Bildern, Phantasievorstellungen und Sorgen bombardieren. Sobald wir versuchen, die äußere Welt auszuschalten und unsere Augen schließen, scheint eine innere Ruhelosigkeit von uns Besitz zu ergreifen, denn daran sind wir gewöhnt. Wenn es uns gelingt, unseren Verstand davon zu überzeugen, daß es Sinn machen könnte, sich nach innen zu wenden, kann uns dies dabei unterstützen, eine stabile Grundlage für unsere Meditationspraxis zu schaffen. Das heißt nicht, daß unser Geist später nicht gegen das ganze Vorhaben rebellieren könnte, aber wir bekommen damit etwas mehr Freiraum, in dem wir Seelenkraft aufbauen können. Unseren Intellekt, unser rationales Verständnis, dürfen wir jedoch nicht vernachlässigen oder ignorieren. Auch im yogischen Modell des Geistes spielt der Intellekt eine wichtige Rolle. Die Yoga-Meditation ignoriert oder spaltet keinen Teil des Geistes ab, sondern sucht die verschiedenen Teile zu integrieren, damit sie in Harmonie und Gleichgewicht sein können.

Nach den Lehren des Yoga müssen wir den Teil des Geistes und die Gefühle transzendieren, die von äußeren Sinneswahrnehmungen und den daraus resultierenden Gedanken und Erinnerungen beherrscht werden, wenn wir zu den tieferen Ebenen der Intelligenz und des Bewußtseins gelangen wollen, die mit der Seele verbunden sind. Dafür müssen wir über den Intellekt hinausgehen, unseren äußeren Geist, der unser normales Funktionieren im Alltag steuert, brauchen jedoch seine Mitwirkung dafür.

Darin besteht die Herausforderung für unsere Zeit: unsere Erkenntnisfähigkeit zu gebrauchen, sie jedoch von einem weitaus tieferen Ort des „inneren Wissens" aus zu lenken. Swami Vivekananda hat dies sehr schön ausgedrückt:

Was heute gebraucht wird, ist eine Verbindung des tiefsten Herzens mit der höchsten Verstandeskraft, von unendlicher Liebe mit unendlichem Wissen … Existenz ohne Wissen und Liebe kann es nicht geben; Wissen ohne Liebe und Liebe ohne Wissen kann es nicht geben.[2]

Liebe und Wissen, oder Kopf und Herz, müssen wir also miteinander verbinden und einsetzen. Dies ist gewissermaßen ein Teil der menschlichen Existenz, auch des Existenzkampfes, ein Teil unserer Lektion in diesem Leben. Im Yoga ist das Herz der Sitz des Bewußtseins. Yoga und Meditation verlangen von uns, bewußter zu werden und unser Wissen von diesem Bewußtsein erfüllt sein zu lassen. Wir müssen nach innen zu unserem Herzen gehen, damit wir dann unsere vom Herzen oder der Seele gelenkte Erkenntnisfähigkeit in der Welt einsetzen können.

Damit dieser Prozeß, die Reise zum Herzen gelingen kann, müssen wir uns aber auch unsere alten, gewohnheitsmäßigen Methoden des Erkennens und Wissens bewußtmachen, sie hinterfragen und verändern. Das läßt sich damit vergleichen, daß du am Morgen erwachst und nicht an die Sorgen und Nöte des gestrigen Tages denkst. Es ist ein funkelnagelneuer Tag, und du spürst die Energie, diesen Tag wirklich zu er-leben, ihn zu bewundern und zu ehren, voll und ganz ein Teil von ihm zu sein. Du hast nichts von dem vergessen, was du am Vortag gewußt hast, aber das Gestern dominiert nicht dein heutiges Handeln. Etwas anderes ist da! So fühlt es sich an, wenn deine Seele die Führung übernimmt. Stell dir nur vor, daß es so die ganze Zeit über sein könnte. Das ist wahrscheinlich nicht auf einen Schlag möglich, könnte aber häufiger so sein.

Für diese Reise zur Seele brauchen wir Landkarten. Wir müssen uns selbst verstehen, die Welt, in der wir leben, die Art und Weise, wie unser Geist arbeitet, weil wir das intellektuelle Verstehen für unsere Reise brauchen. Die Gedanken und Modelle auf den folgenden Seiten sind daher psychologische und spirituelle Landkarten für den Geist, die dir dabei helfen können, ein anderes Verständnis zu gewinnen und dadurch deine blockierte Intuition zu befreien. Der Seelenschatz ist nicht in den äußeren Leistungen des Ego verborgen, sondern in den inneren Kammern des Schweigens und der Stille. Die hier beschriebenen Modelle werden dich auf deiner Reise zu deinem inneren Heiligtum unterstützen – dem Ort, von wo aus du dich der äußeren Welt auf eine von der Seele gelenkte Weise zuwenden kannst.

Dieses Buch will deinen Geist, dein Herz und deine Seele direkt ansprechen. Es tritt dafür ein, daß der intellektuelle Teil deines Geistes Raum schafft für den intuitiven Geist, der die Stimme deiner Seele ist. Dein Intellekt ist dabei wichtig, denn gerade er kann den Weg für die Reise bahnen, die fort von den äußerlichen Oberflächlichkeiten zu innerer Tiefe führt. Sobald du dies einmal spürst, wirst du wissen, daß die Intuition deiner Seele sich zu äußern beginnt.

Kapitel 1

Der Weg des Habenwollens

Das Sanskrit-Wort „Maya" bedeutet „das Maß". Dies ist die magische Kraft innerhalb der Schöpfung, aufgrund der es im Unermeßlichen und Unteilbaren Begrenzungen und Unterteilungen gibt. Maya ist die Natur selbst – die Welt der Erscheinungen, in stetig sich veränderndem Fluß als Gegenpol zum unwandelbaren Göttlichen ... Maya ist der Schleier der Vergänglichkeit in der Natur, das unaufhörliche Werden der Schöpfung; der Schleier, den jeder Mensch lüften muß, um dahinter den Schöpfer zu sehen, das Unveränderliche und Unwandelbare, die ewige Wirklichkeit. [3]

Sich verbunden fühlen

Ich wurde mir der Lücken zwischen den sich langsam bewegenden Gedanken in meinem Geist deutlich bewußt. Die Lücken waren wie Türen, die ich bereits aus der Meditation kannte, doch ich hatte sie nie in einer derartigen Situation erlebt. Diesmal wurden meine Gedanken durch die beruhigende Wirkung des warmen Salzwassers in einem Solebad zur Ruhe gebracht. Ich saß in dem kleinen, hellen und luftigen Café des Centers, um etwas zu essen und zu trinken, bevor ich wieder nach Hause fuhr.

Plötzlich fühlte ich mich durch die Türen in meinem Geist auf seltsame Weise mit den anderen Menschen in dem Café verbunden. Ihre Stimmen rührten an mein Herz. Zu meiner Überraschung stellte ich fest, daß ich den Weg zurückverfolgen konnte, den ihre Worte nahmen, bevor sie mich erreichten.

Ich konnte fühlen, wie ihre Worte von Gedanken in der Innenwelt ihres Geistes gebildet wurden und wie sie sich durch ihre Stimmbänder in Klangschwingungen verwandelten. Ich konnte spüren, wie sich diese

Schwingungen dann durch die Luft bewegten, die uns alle in dem Café umgab, und mein Trommelfell zum Vibrieren brachten, meinen Geist die Worte hören und verstehen ließen, die aus den Innenwelten dieser fremden Menschen kamen. Es war so, als wäre unser Geist durch Gedanken und Schwingung miteinander verbunden. Ich erkannte auch, daß wir alle dadurch verbunden waren, daß wir dieselbe Luft in demselben Raum einatmeten. Die Lebensenergie floß zwischen uns, und wir hatten gemeinsam daran teil.

Ich blickte mich um: Die beiden alten Männer diskutierten über wichtige Dinge, die junge Mutter versuchte herauszufinden, was ihre beiden kleinen Kinder essen wollten, die zwei Frauen beugten sich mit lautem Lachen über den Tisch einander zu. Ich mußte lächeln, weil ich mich derart mit ihren inneren Welten verbunden fühlte. Wir tauschten auf fast intime Weise Energien aus und hatten an vielen verschiedenen Ebenen teil, ohne uns zu kennen und selbst ohne miteinander zu sprechen.

Dann wurde mir noch eine weitere Verbindung enthüllt. Ich erkannte, daß in hundert Jahren keiner von uns mehr leben würde. Selbst in wenigen Tagen oder Stunden könnten einige von uns gestorben sein. Wir alle sind nichts anderes als Besucher, die zu diesem Zeitpunkt auf dieser Welt das Geschenk des Lebens miteinander teilen, und nur dieser Augenblick kann für das Leben als Realität existieren. Ich empfand so viel Mitgefühl in meinem Herzen für unser gemeinsames Abenteuer und, immer noch lächelnd, sprach ich ein kurzes Gebet für uns.

Meditation über Dankbarkeit und Demut

Diese Erfahrung erfüllte mich mit Dankbarkeit und Demut gegenüber dem Leben, das wir alle gerade jetzt auf diesem Planeten miteinander teilen. Ich fragte mich, wie unsere Welt beschaffen wäre, wenn wir Vergangenheit, Gegenwart und Zukunft mit Dankbarkeit und Demut aus dem Herzen begegnen könnten. Versuche, dich durch die folgende „aktive Meditation" mit deinem eigenen Herzen verbunden zu fühlen.

Die Gegenwart: *Setze dich hin und betrachte Menschen, Blumen und Bäume. Werde dir bewußt, daß du lebendig bist. Die Lebensenergie fließt in dir und in allen anderen Lebewesen, die du siehst. Du und alle anderen Wesen habt hier und jetzt am Leben teil. Ihr befindet euch gerade jetzt* *auf einer gemeinsamen Reise, einem gemeinsamen Abenteuer mit allem Leben. Bekomme ein Gefühl für die Lebensenergie, die dich durchdringt und die zwischen dir und all den anderen Lebewesen fließt: solche, die älter als du sind, solche, die jünger als du sind, ihr alle habt teil an dem gegenwärtigen Augenblick.*

Empfinde Dankbarkeit und Demut in deinem Herzen.

Die Vergangenheit: *Sieh dich nach Zeichen für das vergangene Leben um, wie Gegenstände, die von Menschen früherer Generationen geschaffen wurden, Bäume, die einmal Samenkörner waren, die Erinnerungen in deinem Geist. Geliebte Menschen und die zahllosen Unbekannten, die aus diesem Leben geschieden sind, aber ihre Spuren auf diesem Planeten, in unserem Herzen und Geist hinterlassen haben.*

Empfinde Dankbarkeit und Demut in deinem Herzen.

Die Zukunft: *Werde dir bewußt, wie dein Leben und alle anderen Leben in Vergangenheit und Gegenwart die Bedingungen für das zukünftige Leben, für unsere Kinder und für alle Lebewesen, die nach uns kommen, geschaffen haben und auch gegenwärtig schaffen.*

Werde dir bewußt, wie Vergangenheit, Gegenwart und Zukunft für das Leben und für Gott ein großes Jetzt sind.

Empfinde Dankbarkeit und Demut in deinem Herzen.

Maya und der Prozeß der Spaltung

Es entspricht unserem normalen und göttlichen Zustand, wenn wir uns auf vertraute und freudige Weise verbunden fühlen. Dankbarkeit, Demut und tiefes Mitgefühl sind emotionale Herzensqualitäten, die zutage treten, wenn wir diese Verbindung mit allem spüren. Dies tun wir jedoch nur selten und können sie auch nur dann spüren, wenn unser Geist zur Ruhe gebracht wird. Dann können wir durch die Lücken zwischen unseren Gedanken gelangen und uns gegenseitig und dem Göttlichen begegnen.

Im Yoga bedeutet Maya die Welt der „Täuschung", die sich im Schöpfungsprozeß entwickelt – der Manifestation des Geistes als Materie. Die Vorstellung von Maya besagt, daß es etwas Größeres hinter der Realität gibt, in der wir Tag für Tag leben, und daß spirituelle

Übungen wie Meditation uns zu dieser größeren, alles einschließenden Realität führen können.

Auf der individuellen Ebene ist Maya die Welt, die wir durch unsere Sinne und den Sinnesgeist erschaffen. Bei der Yoga-Meditation wird daher Energie vom Sinnesgeist oder äußeren Geist zurückgezogen, um wieder eine Verbindung zum Seelengeist oder inneren Geist herzustellen. Dieser innere Aspekt des Geistes ist direkt mit der universellen Realität verbunden. Im Yoga ist Maya der Begriff, mit dem die Welt der Spaltung, Zersplitterung und Getrenntheit beschrieben wird, die wir für real halten, weil unser Sinnesgeist diese Realität auf so überzeugende Weise geschaffen hat. Für Yoga ist die „wirkliche" Realität dagegen die Vereinigung mit Gott, zu der uns spirituelle Übungen führen können.

Wir sind alle eins *und* wir sind allein! Auf der Ebene von Maya sind wir Menschen völlig getrennte individuelle Wesen. Auf einer energetischen Ebene sind wir jedoch eigentlich alle miteinander, mit allen anderen Lebewesen und mit der gesamten Materie auf diesem Planeten und auch über diesen hinaus verbunden. Dieselbe Energie belebt die Galaxien ebenso wie jeden von uns. Nur selten, wenn überhaupt jemals, erfahren wir dieses Miteinander-Verbundensein, weil unsere gewöhnliche Art und Weise, Dinge zu erleben, durch den Sinnesgeist geschieht, der Abgrenzungen und Schranken zwischen uns und den Dingen entstehen läßt.

Es ist beispielsweise eine praktische Übereinkunft, Namen für bestimmte Dinge zu verwenden: Dies ist ein Baum und jenes ist ein Fluß. Aber weiß der Baum am Fluß, daß er ein Baum ist, und weiß der Fluß, daß er ein Fluß ist, oder stellen beide doch eher eine Einheit, eine Verbindung aus Baum und Fluß dar? Die Vorstellung von Gaia sieht unseren gesamten Planeten als *ein* Lebewesen. Von Umweltexperten erfahren wir, daß das Leben auf unserem Planeten durch ein sensibles Gleichgewicht zwischen vielen verschiedenen Faktoren aufrechterhalten wird, wie der Sauerstoffkonzentration und der Lufthülle, dem Sonnenlicht, der Erdumdrehung, Vulkanausbrüchen und Meeresströmungen. Alle diese verschiedenen Aspekte und Lebenskräfte wirken auf dynamische und harmonische Weise zusammen. Auch im Laufe der Menschheitsgeschichte gab es zumeist Stammeskulturen, die gemeinsam mit anderem Leben existierten und zusammenwirkten und dies nicht einmal als „anderes", sondern vielmehr als ein Ganzes betrachteten, an dem sie teilhatten. Heute können wir dies vielleicht verstandesmäßig nachvollziehen, aber um dieses Verbundensein oder Einssein wieder zu erleben, könnte es uns helfen zu meditieren, um das psycho-spirituelle intuitive Wissen wieder zu entdecken, das tief in uns liegt und das nur aufscheinen kann, wenn unser Geist zur Ruhe kommt.

Zum gegenwärtigen Zeitpunkt verursacht die Menschheit massive Veränderungen auf unserem Planeten – mehr als jemals zuvor in der überlieferten Geschichte –, denn sie beutet seine Ressourcen aus, ohne viel Rücksicht auf seine voneinander abhängigen Systeme zu nehmen, die sich in einem empfindlichen Gleichgewicht befinden. Die Folgen davon sind nicht nur die Zerstörung des Regenwaldes, Umweltverschmutzung, globale Erwärmung und die Ausrottung von Tier- und Pflanzengattungen, sondern auch soziale Ungleichheit, Armut, Krankheit und geringe Lebenserwartung. Wir können uns damit nur deshalb abfinden, weil wir durch den Sinnesgeist den Überblick verloren haben und nicht mehr erkennen, daß alles miteinander verbunden ist. In seinem „Sonnengesang" oder dem „Loblied der Geschöpfe" wendet sich der hl. Franz von Assisi voller Begeisterung an den „großen Bruder Sonn" und die „Schwester Mondin", doch wir sehen die Sonne vermutlich eher unter dem Aspekt einer sonnengebräunten Haut und den Mond als netten Rahmen für ein Rendezvous. Die Natur ist zu einer Kulisse für den Urlaub und Wochenendausflüge geworden, ein Kontrastprogramm für unser geschäftiges Leben. Unser Gefühl für Verbindung, eine gemeinsame Schöpfung und Empfänglichkeit für die Erde ist durch unsere „moderne" Lebensweise abgestumpft. Wir sind von unserer Quelle des Lebens und der Nahrung abgeschnitten und scheinen wie im Schlaf umherzuwandeln.

Spaltung, Abtrennung und Zersplitterung sind Prozesse, mit denen sich auch die westliche Psychologie beschäftigt. Die Weisheit des Yoga würde sie als Ausdrucksform von „Ahamkara" erklären, der Erzeugung des Ichs oder Ego, dem Prozeß der Differenzierung, die unsere innere und äußere Welt der Materie oder Maya erschafft.

Spaltung, Abtrennung und Zersplitterung sind die Wurzel für viele der Probleme, denen wir uns gegenübersehen. Sie sind jedoch nichts Böses oder Schlechtes, das besser nicht da wäre, sondern der Prozeß, wie aus der Einheit (unteilbarer Geist) die Vielfältigkeit (individualisierte Wesen) entsteht.

Paramahansa Yogananda beschreibt den Prozeß von Maya als Reise des Geistes mit den folgenden Worten:

Nachdem der Geist sich selbst als Energie nach außen in atomare Energie, die höchste Dichte der Täuschung, projiziert hat, sieht er die unaufhörliche Bewegung der atomaren Kräfte der endlichen Schöpfung – die nach den Gesetzen von Anziehung und Abstoßung zusammenstoßen, sich vereinigen, auseinanderstreben, sich trennen – als ätherische, gasförmige, feurige, flüssige, feste Formen, die entstehen, sich auflösen und stetig verändern. Der Geist, der darüber enttäuscht ist, daß die trügerische Maya nicht seine Vollkommenheit in der Schöpfung widerspiegelt, läßt diese äußere Abstoßung zum Stillstand kommen und beginnt den Prozeß der Wiedervereinigung, indem er sich nach und nach in immer höheren Lebens- und Ausdrucksformen verkörpert. Der Geist schläft in den trägen Mineralien der Erde und beginnt in dem vegetativen Leben von Bäumen und Blumen zu träumen. Dann erwacht ein Teil des Geistes in der empfindenden Beweglichkeit der winzigen Amöbe und des mächtigen Tieres. Im Menschen voll erwacht, wird die unterscheidende Intelligenz des Geistes zum Sieger über die täuschenden Geheimnisse des Lebens. Im erleuchteten Menschen hat der Geist seine vollkommene Verkörperung erlangt.[4]

Maya und die Macht des Habenwollens

Zum gegenwärtigen Zeitpunkt scheint der Prozeß der Spaltung und Zersplitterung außer Kontrolle geraten zu sein. Darin besteht unsere Herausforderung. Das yogische Sankhya-System der Realität und des Bewußtseins wird uns später dabei helfen, diese Zusammenhänge besser zu verstehen. Zuallererst müssen wir jedoch verstehen, wie diese Mechanismen unsere Sichtweise der Realität gestalten und wie eine Veränderung dieser Sichtweise möglich wird.

Viele, wenn nicht die meisten psychologischen Theorien beschäftigen sich mit dem zentralen Thema der Spaltung. Unser Geist scheint so beschaffen zu sein. Die Psychologen erklären, daß Spaltung etwas Normales sei, doch gebe es viele Möglichkeiten, wie dies auch eine falsche Richtung nehmen und zu psychischen Problemen führen könne. Wenn Kinder beispielsweise nicht lernen, „gute“ und

„schlechte" Aspekte von sich selbst und anderen zu integrieren, werden sie als Erwachsene dazu neigen, zwischen totaler Verdammung (alles schlecht) oder unrealistischer Idealisierung (alles gut) von sich selbst und anderen hin- und hergerissen zu sein. Dies kann dazu führen, daß bestimmte Teile der Persönlichkeit und Erfahrung abgespalten und irgendwo in einen tiefen dunklen Winkel des Unterbewußtseins weggesteckt werden. Überwältigende Gefühlserfahrungen, die tief im Unterbewußtsein vergraben werden, sind jedoch nur teilweise vergessen. Ihre ungelöste emotionale Energie sucht sich oft ein „Leck" und kann später zum Anlaß für Handlungen und Wahrnehmungen werden, die mit den ursprünglichen Geschehnissen nur vage oder überhaupt nicht in Verbindung stehen.

Mit diesem Bereich der Spaltung beschäftigt sich die westliche Psychotherapie und versucht, die schlimmsten Exzesse und schädlichen Auswirkungen der psychischen Spaltungs- und Verdrängungsprozesse zu heilen. Die Wissenschaft des Yoga geht aber noch weiter: Sie betrachtet jegliche Spaltung und Zersplitterung als Maya und empfiehlt spirituelle Übungen und Meditation als psycho-spirituelle Lösungen für Spaltung und Zersplitterung, um dadurch zum Einssein mit dem Geist zu gelangen.

In unserem Leben existieren Einheit und Individualität nebeneinander. Dies führt zu Verwirrung in unserem Bewußtsein, wie das Yoga-System des Geistes später erhellen wird. Im Augenblick ist es jedoch wichtig zu verstehen, daß unsere Kultur die Kräfte der Spaltung verstärkt, während es unserer Bestimmung entspricht, uns zum Einssein hin, der grundlegenden Realität jenseits von Maya, zu entwickeln.

Insbesondere hat die Werbung sehr raffinierte Methoden entwickelt, sich innere und äußere Zersplitterung zunutze zu machen, indem sie Objekte spaltet und abgespaltene Teile mit tiefen emotionalen und seelischen Bedürfnissen verbindet. Autos waren beispielsweise ursprünglich bloß als Mittel zur Fortbewegung gedacht. Jetzt aber werden sekundäre Aspekte, wie Geschwindigkeit, Preis, Größe und Design, zu eigenständigen Objekten erhoben. Gleichzeitig werden seelische und emotionale Qualitäten, wie Liebe, Schönheit und Stärke, die ursprünglich ebenfalls nichts mit Autos zu hatten, mit diesen untergeordneten Aspekten verknüpft. So wird zum Beispiel suggeriert, daß teurere Auto sei auch das schönere und daher erstrebenswertere. Bestimmte Modelle werden im

Hinblick auf Lifestyle, Altersgruppen, Status und Macht vermarktet. Die Autowerbung benutzt Bilder, die uns an unsere menschlichen Bedürfnisse nach Liebe, Sicherheit und Stärke erinnern, und verbindet auf diese Weise emotionale/seelische Bedürfnisse mit vom Menschen erschaffenen Objekten. Werbung und Marketing sollen uns zumeist davon überzeugen, daß uns Vergnügen und Glück eigentlich in der augenblicklichen Situation fehlen und daß sie durch äußere Objekte und Aktivitäten erworben werden können.

Habenwollen bedeutet, daß wir das Bedürfnis verspüren, etwas zu haben, was außerhalb, unterschiedlich und getrennt von uns ist. Dieses „andere" möchten wir uns zu eigen machen, um mehr, um „vollkommener" zu werden. Habenwollen erfordert gewöhnlich auch, mit anderen zu konkurrieren, die vielleicht dasselbe möchten. Somit kann Habenwollen leicht zu Gier, Neid und Wut eskalieren, während es gleichzeitig kurze Momente von Erregung und Befriedigung bietet.

Die Konsumhaltung läßt emotionale Bedürfnisse letzten Endes jedoch unbefriedigt, weil es sich bei diesen im wesentlichen um Sehnsüchte der Seele handelt. Für das System des Habenwollens ist dies ein Vorteil, da es viele „hungrige" Konsumenten hervorbringt. Gleichzeitig haben sich die Menschen in der industrialisierten Welt dadurch aber verändert und projizieren die Befriedigung ihrer emotionalen und seelischen Bedürfnisse in einem solchen Maße auf äußere Objekte, daß sie sich ihrer ursprünglichen Bedürfnisse nicht mehr bewußt sind. Das Verlangen der Seele nach Liebe und Verbindung wird oft ausgedrückt durch das Bedürfnis des Ego nach Konsum und ist dadurch zunehmend schwerer zu befriedigen. In unserer Welt des Habenwollens und Konsumierens beschleunigt sich dieser Prozeß. Konkurrenzdenken und Gier, Aggressivität und Neid, Streß und Depression sind die natürlichen Folgen aus dem unaufhörlichen Streben des Ego. Der Jungsche Psychologe James Hillman erklärt dazu:

Geiz, Völlerei, Stolz, Wollust, Neid, Wut und Trägheit – nach Aldous Huxley haben wir modernen Menschen, trotz unserer Erfindungsgabe und nach so vielen Jahrhunderten, diesen sieben klassischen Todsünden nur eine einzige neue Sünde hinzufügen können. Welches diese Sünde ist? Hast, Eile, Geschwindigkeit, Stoßkraft, Beschleunigung.[5]

Wenn wir den Prozeß von Spaltung und Zersplitterung verstehen, wird uns dies zu einer Spiritualität führen, die psychologisch und ökologisch ist – und damit wahrhaft ganzheitlich. Spiritualität ist ganzheitlich, weil sie alle Bereiche unseres Seins und Tuns betrifft. Viele spirituell orientierte Menschen wissen leider nichts von der sozialen und politischen Realität der Welt, in der wir leben. Dies kann jedoch eine weitere Form von Spaltung sein. Die Kraft, welche alle diese Bereiche – ob psychologisch, sozial oder politisch – durchdringt, ist der sich als Materie manifestierende Geist. Einzig und allein unsere Unwissenheit spaltet das Leben in unterschiedliche Bereiche, Ebenen und Wissenschaften. Der Geist kennt keine Begrenzungen.

Die Ökologen warnen uns, daß wir unseren Planeten nicht weiter so ausbeuten können wie bisher. Öl und Gas gehen rasch zur Neige. Globale Erwärmung, Umweltverschmutzung, Armut, Depression und umweltbedingte Erkrankungen werden zu echten Problemen, mit denen wir uns alle beschäftigen müssen, auch wenn unsere politischen Führer oft immer noch versuchen, sich blind zu stellen. Selbstzufriedenheit ist eigentlich kaum noch möglich.

Du wirst nun vielleicht einwenden, daß dies dich nichts angehe, daß dein Leben soweit in Ordnung sei und die Welt vermutlich noch weitere hundert Jahre existieren werde. Warum solltest du dich also um diese Probleme sorgen? Du könntest auch erklären, daß du ohnehin nicht viel daran ändern kannst. Beide Einstellungen sind heute wahrscheinlich die am meisten verbreiteten. Leider haben sie wichtige Begleiterscheinungen, die dein persönliches Leben und Wohlergehen beeinflussen. Sie trennen dich nämlich von der Totalität des Lebens ab – und diese Trennung ist etwas Künstliches, weil wir in Wirklichkeit mit allem um uns herum verbunden sind. Diese Trennung hat auch tiefgehende psychologische Auswirkungen, wie wir später noch sehen werden, und hindert dich daran, dein Leben voll und ganz zu leben, weil du keinen Zugang zu deinem inneren Geist, zu deiner Seele hast.

Die folgenden Modelle werden die Spaltung und Zersplitterung darstellen und erklären, die unsere Welt des Habenwollens erschaffen haben, die es so dringend zu überwinden gilt. Versuche sie als geistige Landkarten zu sehen, die dir dabei helfen werden, deine eigene Denkweise und deine Sicht der Welt zu verstehen. Sie sind jedoch auch sehr praktische Modelle für deinen spirituellen Weg, was bedeutet, daß du sie tatsächlich in Körper, Geist und Seele erfahren kannst. Du wirst im ganzen Buch Meditationsübungen finden, die dich darin unterstützen werden, die wesentlichen Erkenntnisse aus diesen Modellen zu verinnerlichen und in deine Praxis zu integrieren. Was du hier lernen kannst, geschieht über die eigene Erfahrung und hat immer das Ziel, die tiefe und intuitive Weisheit deiner Seele freizusetzen.

Im nächsten Kapitel werden wir die westliche Psychologie und das Verständnis der Psychosynthese als Erklärung dafür heranziehen, wie unsere innere und äußere Welt zusammenwirken und unsere Kultur des Habenwollens, der Zersplitterung und Verwirrung erschaffen. Dabei werden wir erkennen, wie unsere innere und äußere Welt ihrem Wesen nach gleich sind. Später werden wir die wunderbare Yoga-Philosophie des Sankhya als ein Modell der Schöpfung, des Geistes und des Ego erforschen, um seine Bedeutung für die spirituelle und evolutionäre Entwicklung zu verstehen.

Habenwollen

Wir wollen nun versuchen, zu einem tieferen Verständnis von diesem „Habenwollen" zu gelangen. Ein solches brauchen wir, wenn wir erkennen wollen, warum es so wichtig, ja lebensnotwendig ist, dieses zu überwinden.

Erinnere dich an das letzte Mal, wo du wirklich unbedingt etwas haben wolltest – eine Sache oder eine Person oder eine Aktivität. Damit meine ich nicht einen Wunsch mit dem Gedanken „das wäre ja schön". Ich meine damit, wirklich etwas ganz dringend haben zu wollen, von etwas oder jemand besessen zu sein. Stelle dir selbst die folgenden Fragen über deinen damaligen Zustand:

- *Wo in meinem Körper habe ich dieses Habenwollen gespürt?*
- *Wie fühlte sich mein Geist, mein Denken dabei an?*
- *War ich verrückt nach dem Objekt/der Person meines Verlangens?*
- *Hat der starke Wunsch nach dem Objekt/der Person nachgelassen, nachdem ich es/sie bekommen hatte?*
- *War das Habenwollen aufregender als das Haben?*

Wenn du etwas wirklich unbedingt haben wolltest, wirst du dieses Gefühl wahrscheinlich vor allem im Kopf und in der Magengegend gespürt haben, wobei sich dein Denken endlos im Kreis drehte. Bauch und Kopf sind zwei wichtige Bereiche für die Yoga-Heilung; sie stehen für die Verdauung von Nahrung (Magen und Unterbauch), aber auch von Ideen und Eindrücken (Kopf). Bei der Erforschung der Chakras und des Yoga-Systems des Geistes werden wir noch mehr darüber hören und auch erfahren, daß Wollen aus dem Herzen heraus etwas ganz anderes ist.

Du wirst vielleicht auch festgestellt haben, daß das Objekt oder die Person schon bald einiges von ihrer Anziehungskraft verlor, nachdem du sie in Besitz genommen hattest. Dann hast du möglicherweise ein anderes Objekt oder eine andere Person mit gleicher Intensität begehrt. Die Welt des Habenwollens bietet uns eine solche Menge an Objekten, Bedürfnissen und Wünschen, daß das Gefühl, „etwas haben zu wollen“, gleichbedeutend damit geworden ist, „lebendig zu sein“. Nichts haben zu wollen fühlt sich wie Erstarrung und Tod an, und Habenwollen ist wichtiger als Haben geworden. Dieser Zyklus von endlosen Objekten und Zielen, die endlose Wünsche nähren und hervorrufen, schafft eine innere Welt, die ich als das „psychologische Treibhaus“ bezeichne.

Kapitel 2

Das psychologische Treibhaus

Der Schlüssel für alle Arten der Heilung besteht darin, die Ebene der Seele zu erreichen. Die Seele ist die große Heilerin, denn sie ist eins mit Gott und der Natur und trägt all deren Kraft und Gnade in sich. Wir müssen nicht unsere Seele heilen, sondern uns unserer Seele bewußt werden. Das Bewußtwerden der Seele ist der tiefste Heilungsprozeß überhaupt, nicht nur für die Seele, sondern auch für den Geist. Die Wahrnehmung der Seele setzt alle Heilungskräfte in uns frei.[6]

Sich unverbunden fühlen

Ich saß in meinem Auto in einem riesigen Verkehrsstau fest. Es war an einem jener sehr heißen und schwülen Sommertage, die wir seit kurzem immer öfter erleben. Ich schwitzte und hätte gerne ein Autofenster geöffnet, wusste aber, daß ich dann die Abgase all der anderen Autos um mich herum noch direkter einatmen würde. Obwohl nirgendwo am Himmel Wolken waren, wirkte die Luft neblig und schien gelblich-rot zu leuchten. Flugzeuge flogen tief über mir und brachten eine große Anzahl von Mitmenschen zu ihren Bestimmungsorten. Der Nachrichtensprecher im Radio, der den Wetterbericht verlas, sagte, daß die Luftqualität in London heute sehr schlecht wäre. Meine Augen brannten und mir lief die Nase. Ich machte mir Gedanken darüber, wie ich diese Verzögerung wettmachen konnte, denn wieder einmal kam ich zu spät an mein Ziel. Ich fühlte mich gefangen – in meinem Auto, mitten zwischen verschiedenen Verabredungen, in der Luft, die mich umgab und die ich einatmen mußte, in der Hitze, den Terminen, den Zielorten, den Autos und den

Menschen um mich herum und über mir. Selbst das Autoradio, das noch die menschlichsten Töne in meiner Umgebung hervorbrachte, fühlte sich unmenschlich, wie ein Eindringling an.

Ich war mir bewußt, daß ich von einer Metallkiste umgeben war, meine Füße auf Metallboden ruhten und die Gummireifen den Asphalt berührten. Ich fühlte mich von der Erde getrennt – unverbunden und losgelöst. Über mir wurde meine Verbindung zum Himmel durch Smog, Flugzeuge und Lärm verhindert. Selbst meine Atmung, die engste Form von Interaktion mit meiner Umwelt, wurde durch Umweltgifte und den Gestank von Autoabgasen blockiert. Ich hastete von einem Objekt, von einem Ziel zum nächsten und war dabei von Erde und Himmel, von meinem inneren Selbst getrennt.

Ich hörte dem Wetterbericht eines Londoner Radiosenders an einem der wohl heißesten Tage dieses Jahres zu. Ausdrücke wie „herrlicher Sonnenschein" und „schönes Wetter" wurden reichlich verwendet. Ein Meteorologe erklärte die Gründe für diesen plötzlichen Wechsel von dem kältesten Mai seit Jahren zu Temperaturen, die höher als in Nairobi und Los Angeles waren. „Heute herrscht Übereinstimmung darüber, daß eine globale Erwärmung als Folge der Umweltverschmutzung eintritt", sagte er. „Heißt das, daß wir alle einem herrlich warmen Sommer entgegensehen können?" lautete die Gegenfrage des Interviewers. Die Smog-Alarmwerte der Regierung wurden verlesen (was ziemlich bedeutungslos ist, weil – einmal abgesehen davon, daß Asthmatiker vorsichtig sein müssen – niemand weiß, was das heißt und was zu tun ist).

Später begannen einige meiner Patienten ihre Sitzungen mit Bemerkungen über das tolle Wetter. Ich wollte ihnen erklären, warum ich den „herrlichen" Sonnenschein nicht mochte, aber dann wären sie enttäuscht gewesen wie Kinder, deren Spielzeug gerade kaputtgegangen war. Ich möchte am liebsten schreien: „Der Planet stirbt und ihr kümmert euch nur um eure Sonnenbräune!" Aber ich tue es nicht.

Manchmal hat man den Eindruck, als würden uns die Medien wie Kinder behandeln. Sie präsentieren uns immer noch das Bilderbuchdenken von vor fünfzig Jahren: Sonnenschein ist etwas Herrliches. Häufig folgen direkt darauf Berichte über Umweltverschmutzung und globale Erwärmung. Warum weigern wir uns, die Verbindungen zu sehen? Der psychologische Teil der Antwort ist erneut im Mechanismus der „Spaltung" begründet.

Als Kinder lernen wir, zwischen Gut und Böse zu trennen. Mutter ist entweder nur gut oder nur böse. Auch wir selbst sind entweder nur gut oder nur böse. Erwachsen zu werden bedeutet dann, Komplexität in unsere Erfahrung zu integrieren. Dieselbe Person und Sache kann zu unterschiedlichen Zeiten oder sogar gleichzeitig gut *und* böse sein. Wir können etwas mögen *und* nicht mögen, wir können lieben *und* hassen. Viele von uns sind jedoch in dem Schwarzweißsehen und -denken der „Spaltung" befangen, besonders dann, wenn wir mit Eltern oder in einer Kultur aufwachsen, wo dies etwas ganz Normales ist.

Durch die Komplexität unserer Welt wird der Prozeß der Spaltung weiter unterstützt. Unsere Kultur, unsere ganze Welt ist unglaublich komplex und schnellebig geworden. In zunehmendem Maße können wir oft nur noch unzusammenhängende und widersprüchliche Bruchstücke von ihr begreifen. Mehr und mehr werden wir auch nur noch mit bruchstückhaften Informationseinheiten versorgt – akustischen Bytes, optischen Bytes und Gefühlsbytes. Auf diese Weise werden wir dazu verleitet, die tief in uns verwurzelte kindliche Fähigkeit zur Spaltung einzusetzen, um uns in einer zunehmend komplexeren Welt ein Gefühl von Sicherheit und Einfachheit zu bewahren. Für die Medienleute ist es zu kompliziert, herrlichen Sonnenschein mit der erschreckenden und weitgehend unberechenbaren Bedrohung durch die globale Erwärmung in Verbindung zu bringen. Es könnte ihre Kunden beunruhigen und zu einem Einbruch im Anzeigengeschäft führen. Solange die beiden Themen voneinander getrennt bleiben, können wir uns an der Wärme der Sonne erfreuen und Umweltverschmutzung und klimatische Veränderungen als abstrakte und weitentfernte Probleme ansehen.

Die Grundeigenschaften des psychologischen Treibhauses

Der „Treibhauseffekt" umschreibt eine Situation, in welcher durch den Menschen verursachte Emissionen die Atmosphäre verändern und diese die in sie gelangende Sonnenwärme auffängt und dadurch eine Erwärmung unseres Planeten verursacht. Die Sonnenstrahlen, deren lebenspendende Kraft uns nur sanft berühren und durch uns hindurchfließen sollte, werden von unserer Lebenssphäre aufgefangen und heizen diese auf. In unseren Städten wird dieser Effekt noch durch Asphalt, Metall und Beton verstärkt.

Doch es gibt immer noch Leute, die behaupten, daß es keine globale Erwärmung gebe und daß sich bloß die allgemeinen Wetterbedingungen veränderten, wie schon seit Millionen von Jahren. Sie argumentieren unter anderem damit, daß es erst seit den letzten hundert Jahren genaue Wetteraufzeichnungen gebe und wir daher keine echten Vergleiche anstellen könnten. Ich schreibe diese Zeilen in Italien, wo die Sommer gewöhnlich heiß und trocken sind. Nun aber hatten wir im August mehrere Wochen lang Regen, Überschwemmung und Gewitter, und die Luftfeuchtigkeit betrug 85%. Ich frage mich, was die hier wachsenden Olivenbäume damit anfangen werden. Diese äußere Umwelt fühlt sich ganz ähnlich wie die innere Umwelt, die Psyche an, die ich im folgenden beschreiben werde: Beide sind überhitzt, klaustrophobisch, ungesund und unberechenbar. Intuitiv fühle ich, wie sich alles aufheizt. Die meisten Wetterexperten weltweit stimmen inzwischen darin überein, daß es eine globale Erwärmung gibt, und wir können nur hoffen, daß wir als Spezies den Herausforderungen gewachsen sein werden, welche dieser Prozeß mit sich bringen wird.

Doch es geht nicht nur um die Frage der globalen Erwärmung, die zu der inneren Aufheizung beiträgt und zusätzlich durch unsere Fähigkeit zur Spaltung genährt wird, welche uns unsere Gier und Selbstsucht ausleben läßt. Unserem Planeten gehen auch die Wasservorräte aus, Wälder werden zerstört, Arten sterben aus. In den kommenden 18 Jahren soll der Kohlendioxydanteil in der Atmosphäre in den reichen Ländern um 33% und überall sonst um 100% steigen. Das bedeutet, daß jährlich drei Millionen Menschen an Luftverschmutzung und weitere fünf Millionen durch verseuchtes Trinkwasser sterben werden. Es sieht wirklich düster aus. Irgendwie spüren wir alle den Ernst dieser Situation, wie sehr unser Ego auch vorgeben will, dies alles sei doch „ganz normal“. Der dramatische Anstieg bei Angstzuständen und Depressionen sowie von verschriebenen Antidepressiva muß ebenfalls in diesem Kontext gesehen werden.

Unterbewußtsein und Überbewußtsein

Das äußere Treibhaus spiegelt sich in uns wider. Meiner Meinung nach entwickeln wir eine „Treibhauspsyche". Um zu verstehen, was damit gemeint ist, würde ich dich gerne in ein Modell der Psyche einführen, das aus der Psychosynthese abgeleitet ist und eine Unterteilung in Unterbewußtsein, Überbewußtsein und Bewußtsein enthält. Der Begriff des Überbewußtseins hat seinen Ursprung im Osten, ist jedoch von einigen westlichen Psychologierichtungen wie der Psychosynthese übernommen worden.

Wir müssen hier achtsam sein, weil alle Modelle, die etwas – selbst die Psyche – in verschiedene Teile unterteilen, offensichtlich selbst eine Form von Spaltung bedeuten. Eine solche ist jedoch notwendig, weil sie uns zu verstehen hilft und eine Analyse darstellt, die eine Synthese anstrebt. Ohne Analyse und Sezierung hätte die moderne Medizin beispielsweise viele ihrer wunderbaren Entdeckungen nicht machen können. Wenn sich die Medizin jedoch zu verschiedenen Spezialgebieten entwickelt, wovon sich jedes mit einem genau umrissenen Teil des menschlichen Körpers beschäftigt, wird es für die Ärzte zunehmend schwieriger, den ganzen Menschen zu sehen und zu behandeln, weil jeder Teil zu einem eigenständigen Ding geworden ist. Doch selbst dann können wir noch eine ganzheitliche Sichtweise bewahren und aktiv verfolgen, während wir gleichzeitig das spezialisierte Expertenwissen schätzen und anerkennen. Wir müssen uns nur immer selbst die Frage stellen: Kann dieser besondere Prozeß der Spaltung oder Zergliederung mich zur Einheit des Bewußtseins und zur Ganzheit führen oder nicht? Auf diese Weise kann uns das innerste Wesen aller Spaltung und analytischen Zerlegung enthüllt werden, nämlich die allmächtige Einheit des Geistes.

Die westliche Psychologie beschäftigt sich zumeist direkt oder indirekt mit dem Unterbewußtsein. Nach der Psychosynthese schließt dieser Teil der Psyche die elementaren psychischen Aktivitäten ein, welche die intelligente Koordination der körperlichen Funktionen ermöglichen. Dazu gehören: die fundamentalen Antriebe und primitiven Impulse; viele Komplexe, die mit intensiven Gefühlen belegt sind; Träume und Vorstellungskräfte einer tieferen Stufe; und verschiedene pathologische Manifestationen, wie zum Beispiel Phobien, Besessenheit, zwanghafte Impulse und Wahnvorstellungen. In diesem

Bereich liegen viele unserer Ängste und Depressionen verborgen, die häufig in der Kindheit entstanden sind. Sie sind mit Angst vor dem Verlassenwerden, dem Verlust von emotionaler und physischer Nahrung und Unterstützung und letztlich vor dem Tod verbunden. Die psychischen Eigenschaften, die mit dem Unterbewußtsein assoziiert werden, sind: *Angst, Besorgnis, Boshaftigkeit, Eifersucht, Frustration, Groll, Habgier, Ignoranz, Intoleranz, Isolation, Kontrolle, Mißtrauen, Neid, Rachsucht, Schuldbewußtsein, Selbstsucht, Selbstüberschätzung, Starrsinn, Unehrlichkeit, Verwirrung, Zorn, Zynismus.*

Das Unterbewußtsein gewahren wir am ehesten, wenn wir träumen. Im Wachzustand brechen die früheren Erfahrungen, die als Emotionen im Unterbewußtsein gespeichert sind, häufig durch und äußern sich als „Neurosen" in Form unserer Ängste, Abneigungen, Depressionen und sogar Psychosen. Es wird angenommen, daß all unsere heftigen Emotionen aus festverankerten geistigen Prägungen rühren, die vor langer Zeit entstanden und deren wir uns nicht bewußt sind. Man könnte daher sagen, daß die meisten unserer Emotionen uns im Gefühlstrauma vergangener Ereignisse – und damit in der Vergangenheit – gefangenhalten. Dies ist ein weiterer Grund, weshalb die östliche Weisheit die Nicht-Anhaftung an die Emotionen empfiehlt: damit wir nämlich die Vergangenheit loslassen und mit weniger Gefühlsgepäck in die Zukunft reisen können.

Der überbewußte Bereich der Psyche schließt unsere spirituellen Ziele, Ambitionen, Werte und Eigenschaften ein. Von hier aus erhalten wir unsere höheren Intuitionen und Inspirationen künstlerischer, philosophischer oder wissenschaftlicher Art, ethische „Imperative" und den Antrieb zu humanitäten und mutigen Handlungen. Es ist die Quelle höherer Gefühle, wie der altruistischen Liebe, des Genies und des Zustandes der Kontemplation, der Erleuchtung und Ekstase. In diesem Bereich sind latent die höheren psychischen Funktionen und spirituellen Energien vorhanden, wie Liebe, Schönheit, Stärke, Altruismus und besonders Schmerz und Trauer, welche durch die Kraft des Herzens in Mitgefühl verwandelt werden. Die psychischen Eigenschaften, die mit dem Überbewußtsein assoziiert werden, sind: *Akzeptanz, Barmherzigkeit, Bewußtheit, Demut, Einfachheit, Feingefühl, Freude, Frieden, Furchtlosigkeit, Güte, Hingabe, Klarheit, Mut, Mitgefühl, Schönheit, Spontaneität, Stärke, Stille, Versöhnlichkeit, Vertrauen, Vitalität, Weisheit.*

Der Psychosynthese zufolge haben wir auch ein Bewußtseinsfeld, und genau im Zentrum dieses Feldes sitzt das „Ich“, das Zentrum unseres reinen Selbst-Gewahrseins. Dabei handelt es sich nicht um die Persönlichkeit, sondern vielmehr um das reine ungeteilte Ich. Zu diesem zu gelangen ist die erste Aufgabe der Meditation, denn hier können wir von allen Elementen losgelöst sein, die ständig durch das Bewußtseinsfeld fließen. Die Tatsache, daß dieses Ich im Schlaf verschwindet, aber wieder zurückkehrt, wenn wir aufwachen, hatte dem italienischen Psychiater Roberto Assagioli, den Begründer der Psychosynthese, zu denken gegeben. Er nahm an, daß es noch ein weiteres Ich von einer höheren Ordnung geben müsse, das fortwährend wirksam ist und auf irgendeine Weise über die Präsenz oder Abwesenheit des Ichs wacht. Dieses nannte er das „höhere Selbst“; es ist unser fortdauerndes Zentrum, unser wahres Selbst, das jenseits oder über dem reinen Ich oder Ego liegt.

Nachdem wir unsere Bewußtheit auf das Ich gelenkt haben, besteht als zweiter Schritt das Ziel der Meditation darin, das persönliche Bewußtsein zu dem des höheren Selbst zu erweitern. Wir greifen nach oben, folgen dem Weg des Strahls zurück zum Stern. In der Meditation und im Pranayama (yogische Techniken zur Beherrschung der Lebenskraft, gewöhnlich unter Einbeziehung von Atemarbeit) geht die Bewegung der Lebensenergie von den Sinnen zuerst nach innen und dann nach oben zur höheren Ebene des Geistes. Vor allem in unserer Welt des Habenwollens wird die Lebenskraft in der Regel durch die Sinne nach außen auf unsere Wunschobjekte projiziert. Damit wir sie für unsere Reise zum Selbst nutzen können, müssen wir sie zuerst von den Sinnen, der Peripherie, zurückziehen oder sammeln. Das niedere Selbst wird mit dem höheren Selbst wieder vereinigt, wenn die Lebenskraft durch das Öffnen der Chakras in der Wirbelsäule aufsteigt.

Wir können daher die Seele als eine innere energetische Erfahrung der Verbindung zwischen dem Ich und dem höheren Selbst begreifen. Unsere geistige Gesundheit und Ausgeglichenheit beruht auf dem ungehinderten Energiefluß zwischen diesen verschiedenen Bereichen unserer Psyche, so daß Konflikte im Unterbewußtsein durch Lichtstrahlen, die aus dem Überbewußtsein nach unten gelangen, in Bewegung gesetzt und gelöst werden können.

In der Welt des Habenwollens ist es jedoch ziemlich schwierig geworden, dem Strahl zum Stern des höheren Selbst zu folgen, weil der

Lichtstrahl selbst durch die Menge an Bedürfnissen und Wünschen und ihren Objekten verdunkelt oder blockiert worden ist.

Höhere und niedere Eigenschaften ins Gleichgewicht bringen

Diese Übung wird dir dabei helfen, den Begriff der „höheren Eigenschaften" als Energien zu verstehen, welche die Transformation niederer emotionaler Eigenschaften unterstützen können, die eine Folge von unterbewußten Prozessen sind. Sie wird dir ein Gefühl für das heilende und ausgleichende Potential des höheren Selbst vermitteln.

In der linken Spalte unten stehen die psychischen Eigenschaften des Unterbewußtseins, die weiter oben genannt wurden, in der rechten Spalte die Eigenschaften des Überbewußtseins. Lies die Wortliste in der linken Spalte durch und achte besonders auf diejenigen Begriffe, die auf dich zutreffen, dich verfolgen oder regelmäßig in Schwierigkeiten bringen. Dann stelle dir selbst die Frage, durch welche höhere Eigenschaft aus der rechten Spalte die spezielle niedere Eigenschaft einen Ausgleich finden könnte. Könnte dein Zorn beispielsweise durch Mitgefühl, dein Bedürfnis nach Kontrolle durch Mut oder deine Angst durch Klarheit ausgeglichen werden? Schreibe die höchstwahrscheinlich ausgleichende höhere Eigenschaft in die mittlere Spalte. Am Ende solltest du ein paar niedere Eigenschaften identifiziert haben, die eine Rolle in deinem Leben spielen, und gleichzeitig höhere Eigenschaften, die sie möglicherweise ausgleichen oder sogar heilen könnten. Dies mag dir einige Anhaltspunkte für die Art von Heilung geben, die du brauchst und die dir deine Meditationspraxis geben kann.

Während du dir die höheren und niederen Eigenschaften in der Tabelle ansiehst, wirst du dir vielleicht auch klarmachen, daß es bestimmte Verhaltensweisen oder Situationen gibt, die dich immer wieder an niederen Eigenschaften wie Zorn, Habgier, Neid oder Angst festhalten lassen. Schreibe dir diese Verhaltensweisen oder Situationen auf und überlege, was du tun könntest, um daran etwas zu verändern.

Wenn du dann weiterliest, wird es klarer werden, wie diese Eigenschaften in dir wirksam sein können. Wir werden später nochmals auf sie zurückkommen.

Angst	*Akzeptanz*
Besorgnis	*Barmherzigkeit*
Boshaftigkeit	*Bewußtheit*
Eifersucht	*Demut*
Frustration	*Einfachheit*
Groll	*Feingefühl*
Habgier	*Freude*
Ignoranz	*Frieden*
Intoleranz	*Furchtlosigkeit*
Isolation	*Güte*
Kontrolle	*Hingabe*
Mißtrauen	*Klarheit*
Neid	*Mut*
Rachsucht	*Mitgefühl*
Schuldbewußtsein	*Schönheit*
Selbstsucht	*Spontaneität*
Selbstüberschätzung	*Stärke*
Starrsinn	*Stille*
Unehrlichkeit	*Versöhnlichkeit*
Verwirrung	*Vertrauen*
Zorn	*Vitalität*
Zynismus	*Weisheit*

Vom Schutz zur Zerstreuung

Objekte zum Schutz

Wir Menschen müssen produzieren und konsumieren, damit wir am Leben bleiben. Das war noch recht einfach, als es nur um Nahrung und Obdach ging. Dann aber wurden wir immer kreativer, erfanden die Arbeitsteilung, führten mit der Wissenschaft und Technologie die Industrialisierung ein. Spaltung auf allen Ebenen des menschlichen Lebens und Bewußtseins wurde zum Schlüssel für Fortschritt. Kein einzelnes Individuum konnte mehr über die zu groß gewordene Menge an menschlichen Fähigkeiten und Kenntnissen verfügen. Als Folge aus dieser Spezialisierung limitierten wir unser Wissen vom Ganzen. Wir wurden zwar sehr leistungsfähig, sonderten uns aber ab und verloren unsere Fähigkeit, uns als Teil des Ganzen zu sehen. Die individuelle Existenz wurde zur bestimmenden Lebensweise. Diese zunehmende Komplexität hat jedoch auch zu einer wachsenden gegenseitigen Abhängigkeit geführt, denn in vielen Lebensbereichen sind wir nun auf die Aktivitäten anderer, uns unbekannter Menschen angewiesen. Wir sind gewissermaßen eng miteinander verbunden und voneinander abhängig, doch erleben uns zumeist getrennt und als Individuen.

Die zunehmende Zersplitterung und Trennung von Konsumgütern, Dienstleistungen und Menschen hat noch andere wichtige psychologische Auswirkungen in der Welt des Habenwollens. Die Menge an Konsumgütern und Dienstleistungen, die von anderen angeboten werden, denen wir uns nicht verbunden fühlen, bedeutet auch, diesen Dingen eine perfekte und fast magische Qualität zuzuschreiben, anstatt sie als das zu sehen, was sie in Wirklichkeit sind: von anderen Menschen erschaffene Objekte, die auch unvollkommen und fehlerhaft sein können. Man braucht nur das blank polierte neue Auto im Ausstellungsraum mit dem rostigen Schrotthaufen zu vergleichen, zu dem es schließlich werden wird. Wir sind von hochglänzenden neuen Dingen umgeben, welche alle die Befriedigung des einen oder anderen tiefen emotionalen Bedürfnisses versprechen und oft auch die Illusion von Vollkommenheit und Dauerhaftigkeit über die Begrenzungen unserer Lebenszeit hinaus.

Die Psychologie bezeichnet dies als Projektion und Idealisierung. Wenn wir andere Leute beobachten, haben wir oft das Gefühl, daß sie uns etwas voraus haben und etwas besitzen oder hinter etwas her sind, was wir nicht kriegen können oder nicht einmal kennen. Diese Art der Projektion von Wissen und Vollkommenheit auf andere geht auf unsere Kindheit zurück, wo wir lange zu Erwachsenen als den „Wissenden" aufgeblickt haben.

Oft sehen wir andere auch dann noch so, wenn wir schon erwachsen sind. Dieser Prozeß wird durch Spaltung und Zersplitterung gefördert, weil wir uns von allen anderen getrennt fühlen, aber meinen, sie seien nicht voneinander getrennt. Dadurch können wir uns sehr einsam und isoliert fühlen. Wenn wir Vollkommenheit in anderen und Unvollkommenheit in uns selbst sehen, machen wir uns nicht klar, daß es allen anderen genauso ergeht. Auch wir können ihnen als vollkommen erscheinen! Durch diesen Mechanismus ist der „Prominentenwahn" entstanden. Farbenfrohe Bilder von reichen, berühmten und glamourhaften Stars in den Medien locken uns, fachen das Feuer unseres Habenwollens an – und lassen uns gewöhnlich mit einem Gefühl von großer Unzulänglichkeit oder gar Minderwertigkeit zurück.

Wir sehen uns also konfrontiert mit massenhaft erzeugten Konsumgütern, der Trennung von unseren Mitmenschen durch übertriebene Individualität und der Illusion von magischer Vollkommenheit in den modernen Objekten wie in den Berühmtheiten. Im Grunde genommen hat Konsum immer noch mit Nahrung und Obdach zu tun. Mit ihren magisch-illusionären Qualitäten können Konsumgüter heute aber auch subtilere geistige und seelische Bedürfnisse nach Genährt- und Beschütztwerden ansprechen.

Damit verheißen Konsumgüter und Objekte sowie der Prozeß des Habenwollens selbst in zunehmendem Maße, daß sie die Funktion erfüllen können, das Ego vor Überlebens- und Vernichtungsängsten des Unterbewußtseins zu schützen. In unserer Psyche errichten wir dadurch einen Schutzwall zwischen unserem Ich und unseren tief im Dunkel liegenden Ängsten und Unsicherheiten. Dieser Schutzwall besteht aus sämtlichen Zielen, Sehnsüchten und Wünschen, die unsere Welt der Vielfalt und des Habenwollens uns über unsere Sinne anbietet. Er hilft uns dabei, uns selbst vorzugaukeln, das Leben sei nicht das unberechenbare Glücksspiel, das es nun einmal ist. Schließlich kann dieser Schutzwall zu einem ganz vollgestopften „neurotischen

Raum" werden, der ständig mit allen erdenklichen Objekten gefüllt werden muß, um vor den Ängsten und Konflikten zu schützen, deren Wurzeln im Unterbewußten liegen. Die Gegenstände können dann austauschbar werden, solange nur etwas da ist, um die erschreckenden Löcher der Leerheit zuzustopfen. Auch Süchte und Eßstörungen können als extreme Beispiele eines zwanghaften „Vollfüllens" verstanden werden. Dabei vergessen wir, daß Leerheit die wahre und offene Natur des Geistes enthüllt.

Objekte zur Zerstreuung

Konsumgüter verheißen aber nicht nur in zunehmendem Maße Nahrung und Schutz, um damit unsere unterbewußten Überlebensängste in Schach zu halten, sondern sie werden auch mit Eigenschaften des Überbewußtseins assoziiert. Da der Schutzwall vor den tiefen Ängsten des Unterbewußtseins ziemlich massiv und undurchdringlich geworden ist, wodurch sich viele Menschen vor allem im Westen gut geschützt fühlen, bedingt der Wachstumsdrang im Wirtschaftssystem nun, daß neue Antriebe für die Produktion und den Konsum geschaffen werden müssen, die sich zunehmend in Bereichen des Überbewußtseins finden lassen. Konsumgüter verheißen nun nicht mehr bloß Nahrung und Schutz, sondern Gesundheit, Glück und Erfüllung. Auf diese Weise werden höhere Qualitäten nach unten gezogen, wodurch ein objektivierter geistig-seelischer Raum geschaffen wird. Gleichzeitig werden Eigenschaften des Unterbewußtseins oft dadurch aufgewertet, daß ihnen höhere Qualitäten zugeschrieben werden. So wird Egoismus beispielsweise als Unternehmungsgeist oder Ehrgeiz dargestellt; Habgier wandelt sich zu „Vermögensbildung", und Rachsucht kann den Anspruch auf Gerechtigkeit erheben. Demnach kann es ein harmonisches Miteinander von Selbstsucht und Habgier mit Freude und Fülle geben, und auch Rücksichtslosigkeit und Kontrolle passen mit Schönheit und Vollkommenheit zusammen. Unsere Wertvorstellungen können in der Tat sehr durcheinander geraten.

Warum sollte also die Notwendigkeit bestehen, nach höheren Werten durch spirituelle Übungen zu streben, wenn wir sie offensichtlich auch durch den Erwerb eines attraktiven Gegenstandes erlangen können? Diese Einstellung paßt so gut zu der vorherrschenden, auf

Materie beruhenden rationalistischen Haltung, welche die Realität des Geistes jenseits von Materie leugnet und uns damit auf dem Weg des Habenwollens und des Konsums in eine Suche treibt, die eigentlich eine Suche nach Gott sein sollte.

Diese Situation der Überfülle und Verwirrung bezeichne ich als „psychologisches Treibhaus". Der vollgestopfte innerseelische Raum verhindert eine mühelose Verbindung zwischen dem Ich und dem höheren Selbst. Wie durch eine dicke graue Wolkenschicht wird unsere Sicht des hellen Sonnenlichtes verdunkelt. Unser Weg zur Seele wird durch äußere Objekte und ihre inneren Repräsentationen blockiert. In unserem eigenen inneren Gefängnis drehen wir uns im Kreis.

Die wesentliche Eigenschaft des Geistes ist offener Raum, doch unser Geist ist übervoll. Wo Raum sein sollte, damit die Energie ungehindert zwischen den verschiedenen Ebenen unseres Bewußtseins fließen kann, ist nun ein zusammengedrängter Raum entstanden, wo die Energie eingeschlossen wird. Unser bewußtes Selbst, das Ich, hat die Verbindung zum Himmel (dem höheren Unbewußten) und zur Erde (dem tieferen Unbewußten) verloren.

Die Kämpfe des Ego und der Ruf der Seele

Es gibt eine grundlegende Wahrheit oder Realität, ein Zustand reinen Bewußtseins oder Gewahrseins, der jenseits von Worten und Gedanken ist, in dem es Frieden, Glückseligkeit, Mitgefühl und Befreiung gibt. Ihn zu erreichen ist das Ziel allen Lebens.

Das Leben ist im wesentlichen ein Zustand des Leidens oder Unglücklichseins, und dies wird durch das Ego oder das Prinzip der Selbstsucht verursacht. Das Ego setzt einen Handlungsstrom oder Karma in Bewegung, das uns an den Prozeß der Wiedergeburt oder Seelenwanderung bindet, zu dem wiederholtes Leiden gehört.

Um dieses Leiden auszurotten, ist es notwendig, das Ego zu negieren und den Geist zur Ruhe zu bringen, da das Ego eine Funktion des Geistes in seinem Zustand der Verstörung ist. Dies schließt ein, Angst, Begehren und Zorn zu überwinden – jene Emotionen, die den Geist beunruhigen.

Zu diesem Zweck müssen bestimmte ethische Werte wie Wahrhaftigkeit, Demut und Gewaltlosigkeit befolgt werden. Die wichtigste Praxis dafür ist Yoga und Meditation. Dieses Ziel ist kein persönliches, sondern Teil der Befreiung allen Lebens und sollte daher der Einheit und dem Wohl aller und nicht nur unserem persönlichen Nutzen dienen.[7]

Viele der Streßsituationen, die unser Leben beherrschen und zu seelischen Problemen führen können, wie Angstzustände und Depressionen, werden durch die Dynamik der Treibhauspsyche genährt: das unaufhörliche Streben nach immer mehr Dingen und immer größerer Befriedigung; die zunehmende Hektik, mit der wir alles tun und haben müssen; das Gefühl, ohne Ausweg in der Falle zu sitzen; die Unfähigkeit, aus der Hetzjagd auszusteigen; das Gefühl des Versagens. Dies ist nicht nur unser Fluch, sondern auch eine wunderbare Entwicklungschance, weil wir, wenn wir nur lauschen, unsere Seele hören können, die uns durch den im Treibhaus herrschenden Nebel von Angst und Depression auf den Weg nach Hause ruft.

Häufig versteht das Ego diesen Ruf der Seele nicht und deutet ihn um zu Angst, Depression oder Beziehungsproblemen, die eine Behandlung oder Therapie erforderlich machen. Hinzu kommt die wachsende Oberflächlichkeit in unserer komplexen Welt, in der horizontale Breite uns blind gegenüber vertikaler Tiefe gemacht hat. Seelenrufe werden gewöhnlich als Symptome gesehen, die medikamentös oder therapeutisch behandelt werden müssen, damit sich der Patient wieder „besser fühlt". Von daher erklärt sich die hochschnellende Zahl von verschriebenen Antidepressiva und in gewissem Grade auch die boomende Psycho-Szene und der Markt für „persönliches Wachstum", was letztlich zur weiteren Anfüllung des inneren Raumes im Treibhaus beitragen kann, da noch mehr getan, konsumiert und erreicht werden muß, nur um sich wohl zu fühlen.

Die Psychologen sehen seelische Probleme hauptsächlich als Ausdruck von ungelösten oder falsch gelösten Konflikten im Unterbewußtsein an. Dies ist nützlich und wertvoll, doch ich glaube, es wird deutlich, daß diese individuellen seelischen Probleme am Ende gar nicht so individuell sind und sich in ihnen zunehmend kollektive und evolutionsbedingte Probleme widerspiegeln. Betrachten wir nun einige der am meisten verbreiteten seelischen Probleme, mit denen ich als Psychotherapeut konfrontiert werde, und versuchen wir sie als Kämpfe des Ego und Rufe der Seele im Treibhaus zu verstehen.

Werfen wir aber vorab einen kurzen Blick auf einige der neueren Therapieansätze. In den letzten Jahren ist die Kognitive Therapie als Behandlung der Wahl für Probleme wie Angst, Streß, Depression und sogar Psychosen sehr populär geworden. Als sie in den späten Siebzigerjahren aus den USA nach Europa kam, wurde sie von manchen als „oberflächlich" abgelehnt, weil sie sich mehr auf die momentan bestehenden Denkstrukturen des Patienten als im Sinne Freuds auf die tieferen Störungen des Unterbewußtseins konzentriert. Heute stellen wir jedoch einen wahren Boom der Kognitiven Therapie in vielen Bereich der geistigen Gesundheit und Selbstentwicklung fest. Bei der Kognitiven Therapie handelt es sich auch um den ersten psychologischen Behandlungsansatz, der damit begonnen hat, Meditation als Therapiemethode einzubeziehen.[8]

Das von mir entwickelte MindBalancing-Programm enthält ebenfalls Elemente der Kognitiven Therapie *(siehe Kapitel 5 – Elemente des Geistes)*. Grundsätzlich analysiert die Kognitive Therapie „falsches

Denken" und versucht es zu korrigieren. Sie arbeitet mit Begriffen wie „irrationale Überzeugungen", „ungenügend angepaßte Denkmuster" und „dysfunktionale Schemata" zur Beschreibung dieses falschen Denkens. Auch die Yoga-Meditation ist auf die Denkstrukturen des Menschen gerichtet und versucht, den Fokus vom äußeren Geist der Sinne auf den inneren Geist der Seele zu verlagern. Es ist daher nicht überraschend, daß Kognitive Therapie und Meditation sich gegenseitig gefunden haben. Inzwischen ist vielfach nachgewiesen, daß diese Kombination aus östlicher Meditation und westlicher Psychologie eine wirksame Behandlung für viele der in unserer Welt des Habenwollens üblichen psychischen Probleme darstellt.

Die Kognitive Therapie lehrt uns ebenso wie die Yoga-Meditation, daß es möglich und außerordentlich nutzbringend ist, einen Schritt zurückzutreten und ein objektiver Beobachter unserer eigenen Gedanken und Emotionen zu werden. Wir können beispielsweise problemlos verstehen, wie jemand, der an Angst- und Panikattacken leidet, von erschreckenden physischen Wahrnehmungen und angstvollen Gedanken beherrscht wird und an diesen festhält, während die dunklen Gedanken und verzweifelten Emotionen beim Depressiven den geistigen Raum vollkommen beherrschen. Wir müssen als erstes lernen, diese Gedanken und Emotionen als geistige Abläufe zu sehen, die beobachtet werden können. Dann bekommen wir größeren Abstand zu ihnen und sind nicht mehr Opfer unseres Denkens, sondern können zum Herrn unseres Geistes werden. In diesem Buch wirst du später viele Meditationen und Reflexionen finden, die dir dabei helfen werden, zum Beobachter deiner eigenen Gedanken und Emotionen zu werden. Von der Position des Beobachters aus kannst du die Stimme der Seele deutlicher vernehmen.

Während sich das eben beschriebene Muster von übermäßiger Identifikation und Anhaftung auf viele psychischen Störungen anwenden läßt, kann uns ihre bildhafte und symbolische Deutung als Auswirkungen der Treibhaussituation zu einer spezifischeren Erkenntnis des ihnen zugrundeliegenden Rufs der Seele führen. Stelle dir einmal dich selbst im Treibhaus vor. Du wirst von Objekten und Wünschen bombardiert und bist von Hektik und Hitze umgeben, von Himmel und Erde getrennt. Schließlich kommst du an den Punkt, wo du nach draußen willst. Ohne Meditation gibt es nur zwei mögliche Fluchtwege: Auf dem Weg von Angst und Wut brichst du durch die

Mauern aus, die dich umgeben; auf dem Weg von Depression (und Wut) ziehst du dich nach innen zurück. Yoga lehrt einen anderen Ausweg: Dieser führt nach innen in die Position des Beobachters und dann nach oben zum höheren Selbst. Wir können erkennen, daß Angst und Depression Elemente dieser Bewegungsrichtungen enthalten, doch wird die Bewegung nicht vollständig ausgeführt und kann daher das höhere Selbst nicht erreichen.

Angst, Panik, Streß

Wir wollen nun Angst, Panik und Streßsymptome genauer betrachten. Dabei handelt es sich um die am meisten verbreiteten psychischen Probleme, derentwegen die Hilfe eines Psychologen gesucht wird, und die meisten von uns haben diese Probleme irgendwann einmal selbst erlebt. Sie scheinen mit Situationen in Verbindung zu stehen, wo alles – ob Arbeit, Familie oder einfach das Leben allgemein – zu viel oder zu bedrohlich geworden ist. Dies hat zweifellos mit den übermäßig stimulierenden Sinnenreizen zu tun, welche die meisten Menschen aushalten müssen und in der Treibhauswelt sogar noch suchen. Unser Streben und Kämpfen ist meist von Angst motiviert, und die Verheißungen von totaler Sicherheit durch Konsumgüter, Dienstleistungen, bestimmte Aktivitäten und andere Menschen schießen nur so aus dem Boden. Wahre Sicherheit können wir jedoch nur im inneren Heiligtum unserer Seele finden. Trotz verzweifelter Bemühungen kann die allem zugrundeliegende Angst nie wirklich unterdrückt werden. Der damit verbundene Streß sammelt sich an und kann plötzlich einen Punkt erreichen, wo das Faß überläuft. Nach langen Phasen übermäßiger Stimulation und angstbesetztem Kämpfen hat die Angst schließlich die Oberhand gewonnen, und der Kämpfer gerät ins Hintertreffen. Diese Lücke kann immer größer werden, wodurch die Angst weiter zunimmt. Dann können Panikattacken in bestimmten Situationen ausgelöst werden, die gewöhnlich durch ein Zuviel (Menschen, Waren in Supermärkten, Autos im Straßenverkehr), ein Zuwenig (offene leere Räume, Einsamkeit) oder die Unvermeidlichkeit des Todes (das nirgendwohin führende Streben) gekennzeichnet sind. Dadurch findet eine Konditionierung statt, so daß Panik an diesen spezifischen Situationen festgemacht wird und ständig durch sie ausgelöst werden kann.

Außerdem fungiert Angst heute in vielen unserer Systeme und Institutionen als Kontrollmechanismus. Fehler zu machen wird in vielen Lebensbereichen wahrscheinlich eher als sträfliches Vergehen denn als wertvolle Lernerfahrung angesehen. Wir haben eine „Kultur der Schuldzuweisung" entwickelt, die Lernen verhindert und zu den spirituellen Qualitäten von Mitgefühl und Demut in Widerspruch steht. Durch Benimm- und Verhaltenscodes in vielen Bereichen des offiziellen Lebens soll eine Ebene von Schutz, Sicherheit und Vollkommenheit erreicht werden, die der Natur des Lebens fremd ist. Um die Rechtmäßigkeit unserer Kontrollsysteme zu bestätigen, besteht ein ständiger Bedarf an Übeltätern, welche diese Vorschriften und Codes übertreten und daraufhin bestraft werden. Dies bestärkt dann die oft rigiden „Hüter der Ordnung" in der Richtigkeit der Regeln und ihrer Strafmaßnahmen. Gleichzeitig bedeutet es auch, daß viele Menschen in der ständigen Angst leben und arbeiten, Fehler zu machen, was sie offensichtlich davon abhält, kreativ, innovativ und risikofreudig zu sein. Derartige Kontrollsysteme bieten den Hütern der Ordnung auch die Gelegenheit, nach dem Mechanismus der Projektion ihre eigenen Unvollkommenheiten zu ignorieren und sie nur in anderen wahrzunehmen.

Am Ende stehen wir hier vor einem Paradox. Wir sind von Bildern und Vorschriften umgeben, die alle vom Menschen geschaffen sind und Sicherheit, Vollkommenheit und Dauerhaftigkeit verheißen: Autos, Häuser, die Wirtschaft, die Politik. Wir gaukeln uns vor, diese vollkommene Ebene in unserem Leben durch Anstrengung und gehorsame Anpassung erreichen zu können. Tief in unserem Inneren wissen wir jedoch, daß es anders ist, weil wir schon viele Male gescheitert sind und auch in Zukunft scheitern werden. Also bemänteln wir unsere Unvollkommenheiten und gelangen zu der Überzeugung, daß wir uns eben viel, viel mehr bemühen müssen. Wir setzen uns selbst unter Streß in dem Bestreben, den perfekten Job, den perfekten Partner, die perfekte Lebensweise zu finden. Der Streß kommt zu der Angst hinzu. Wir werden immer ängstlicher und gestreßter, denken aber, daß wir dies nicht sein sollten. Schließlich versuchen wir vielleicht, die Verwirrung dadurch aufzulösen, daß wir wütend oder depressiv werden, anderen oder uns selbst die Schuld geben, uns nutzlos und verzweifelt fühlen. Am Ende sind wir dann womöglich nicht darauf gefaßt, uns mit den echten Krisen auseinanderzusetzen, denen wir im Leben begegnen.

Die Diagnose bei den Betroffenen lautet dann schließlich auf Agoraphobie, Klaustrophobie, Angstzustände, Panikattacken oder Streß. Die Behandlung kann von Medikamentenverordnung bis zur Psychotherapie reichen. Wenn wir bei der Behandlung auf den Ruf der Seele achten wollen, müssen wir uns bewußt sein, daß der Ursprung der Angst in hohem Grade in der fehlgeleiteten Suche nach Sicherheit und der übermäßigen Stimulation in der Treibhauswelt liegt. Heiler und Patient müssen Bescheid darüber wissen, daß das, was ein neurotisches Symptom zu sein scheint, vor allem ein Hilferuf der Seele durch die festgefügten Mauern ist, die das Treibhaus in unserer Psyche errichtet hat.

Depression, Zwänge, Sexualität

Das Gefühl von Zuviel und davon überwältigt zu werden oder das Gefühl von Zuwenig und nichts zu haben kann sich in einer Depression äußern. Menschen werden oft dann depressiv, wenn sie ihren eigenen Anforderungen nicht entsprechen und wenn ihr Leben nicht so ist, wie es eigentlich sein sollte. Der andere äußerst wichtige Aspekt ist die mangelnde Gemeinschaft in der Welt des Habenwollens, das Gefühl von Einsamkeit, Isolation, „keiner kümmert sich um einen".

Die depressive Reaktion ist ein resignierter Rückzug nach innen, um dort Sicherheit zu finden. Wir können dies mühelos als den Ruf der Seele nach der Reise zu jenem inneren Ort der Stille und des Friedens erkennen. Doch obwohl die Bewegung der Energie bei der Depression in die richtige Richtung geht, handelt es sich eher um einen angstvollen Rückzug als um die mutige Loslösung, die notwendig wäre. Bei der Depression sinkt die Lebensenergie nach unten in die niederen Chakras, anstatt sich nach oben zu den höheren zu bewegen. Depression bedeutet Festsitzen anstelle von Bewegungsfreiheit im unbegrenzten inneren Raum. Meiner Meinung nach ist es ausgesprochen wichtig, sich der Wurzeln von Depression in unserer Treibhauswelt bewußt zu sein. Es überrascht mich nicht, daß neuere psychologische Therapieansätze, welche die Meditation einbeziehen, bei depressiven Patienten besonders erfolgreich sind.

Zwangsneurosen scheinen zuzunehmen. Sie werden als „Angststörungen" klassifiziert. Patienten mit dieser Diagnose führen bestimmte

Rituale aus, wie sich ständig zu waschen, Dinge wiederholt zu überprüfen oder sich permanent zu sorgen. Diese Rituale sind die zwanghafte Art, die Ängste vor negativen Einflüssen, die ihren Ursprung in den Patienten selbst oder in der Außenwelt haben, zu bewältigen. Dies erinnert mich daran, daß auch Kinder häufig Rituale ausführen, um einer Welt, die allzu komplex für sie ist, eine Struktur oder einen Sinn zu geben. Damit vergleichbar ist die Treibhauswelt für viele von uns ebenfalls zu komplex und auch ziemlich erschreckend geworden. Viele Zwangsrituale kann ich als das verzweifelte Bedürfnis verstehen, einen sicheren und berechenbaren Raum zu schaffen. Säuberungs- und Kontrollzwänge, der Kampf gegen sich aufdrängende Gedanken können als Kampf des Individuums gegen die Übernahme durch unkontrollierbare Kräfte von außen gesehen werden. Perfektionismus, übermäßige Beunruhigung und die Unfähigkeit, Entscheidungen zu treffen, können als Aspekte unserer Desorientierung in einer Welt verstanden werden, in der es von Menschen, Objekten und Gedanken nur so wimmelt. Hier ist der Ruf der Seele die Sehnsucht nach vollkommener Klarheit und Eindeutigkeit, die jedoch nur durch die innere Verbindung mit dem Göttlichen gefunden werden können.

Die Sexualität stellt einen Bereich von menschlicher Interaktion dar, wo große Nähe und Vereinigung möglich sind und die Eigenschaften des höheren Selbst zu einer gelebten Realität zwischen zwei Menschen werden können. In der Situation des Treibhauses wird die Sexualität jedoch von den Eigenschaften des Unterbewußtseins dominiert, wie Triebhaftigkeit, Leistungszwang, Besitzgier, Eifersucht und Rivalität, anstatt von den Eigenschaften des Überbewußtseins getragen und vergeistigt zu werden. Wie wir später noch sehen werden, wird die Sexualität auch kräftig dafür benutzt, um das Habenwollen und den Konsum zu stimulieren. Nach der Chakra-Lehre muß die Sexualität vom Herzen (Anahata-Chakra) getragen werden, doch in der Treibhauswelt wird die sexuelle Energie hauptsächlich in den unteren Chakras stimuliert und bewegt sich nicht nach oben zu den höheren Zentren. Auf diese Weise kann sie sich mit Macht, Besitzgier, Zorn und Suchtverhalten verbinden und letztlich unsere Trennung voneinander vergrößern, anstatt ihre potentielle Möglichkeit zur Vereinigung zu erfüllen.

Unsere Getrenntheit voneinander wirkt sich auch darauf aus, wie wir gegenseitig mit unseren psychischen Problemen umgehen. Menschen, die unter Angst, Depression oder irgendeiner anderen psychischen Störung leiden, sind häufig isoliert und einsam. Sie werden als unangepaßte Einzelgänger und nicht als irregeleitete Seelensucher angesehen. Das psychiatrische und psychologische Therapiesystem etikettiert ihre Probleme dann als Krankheit und gibt ihnen in Therapiesitzungen oder Krankenhäusern ein Gefühl von Gemeinschaft und Beziehung. Dabei wird aber die Tatsache ignoriert, daß der Mangel an Gemeinschaft in der Treibhauswelt des Habenwollens die Probleme überhaupt erst hervorgerufen hat. Dies kann eine sehr nachteilige Wirkung auf die Patienten haben, weil sie dadurch in ihrem Bedürfnis nach Fürsorge und Beziehung häufig von sehr schlecht funktionierenden, oft selbst pathologisch verstörten, Institutionen abhängig werden. Und was noch hinzu kommt: Wenn wir jemanden mit dem Etikett „krank" versehen, verleitet uns das gleichzeitig zu der Annahme, die Welt des Habenwollens sei grundsätzlich „gesund", und wir können dann sehr zufrieden mit uns selbst sein, derart hochentwickelte und wissenschaftliche Systeme und Methoden der institutionalisierten und professionalisierten Pflege entwickelt zu haben. Und nicht zuletzt versichern uns Psychiatrie und Psychologie gerne, daß unsere Gedanken und Emotionen äußerst wichtig sind und, um sie zu verändern, unter professioneller Leitung medikamentös behandelt und durchgearbeitet werden müssen. Im Extremfall kann dies zu der absurden Situation führen, wo jede, gewöhnlich normale, Stimmungsschwankung bei einem psychiatrischen Patient als Krankheitssymptom gesehen und mit einer Veränderung des Medikaments und/oder Therapieprogramms darauf reagiert wird.

Zu Anfang dieses Abschnittes haben wir den Ansatzpunkt gewählt, vorherrschende psychische Störungen unter einem weiteren Blickwinkel zu sehen und sie als Kämpfe des Ego im Konflikt mit dem Ruf der Seele zu verstehen. In wenigen Worten ausgedrückt, ist die Seele, das „innere Heiligtum", die innere Erfahrung einer Verbindung zwischen dem Ich und dem höheren Selbst. Zu dieser Verbindung kommt es, wenn das Ich vom höheren Selbst mit Energie erfüllt, durchdrungen und „gehalten" wird anstatt von der Fülle an äußeren Objekten. Dies ist eine Erfahrung von innerer Ruhe, Stille und Festigkeit, die nicht von äußeren Umständen abhängig ist. Wenn die Verbindung zwischen Ich und höherem Selbst, wie beim psychologischen Treibhaus der Fall, blockiert ist, dann wird dieses innere Heiligtum nur durch den

Rückzug in das Ich ohne irgendeine Aufwärtsbewegung zum Stern des höheren Selbst gefunden. Die Suche nach dem Heiligtum kann sich dann in Depression, Alkoholismus, Suchtverhalten und Autismus verwandeln – alles dies ungeschickte Versuche, das Ich von der hektischen Aktivität und dem aufgeheizten Zustand abzuschließen, wovon es umgeben ist. Diese Methoden „nach außen dichtzumachen" werden zunehmend üblicher. Viele der weitverbreiteten neurotischen Probleme sind daher pseudo-spirituelle Versuche, zur Seele zu gelangen.

Die Herausforderung im Treibhaus

Wenn wir einmal das Ausmaß der ökonomischen, ökologischen, seelischen und geistig-spirituellen Katastrophen zu begreifen beginnen, die uns beschäftigen und umgeben, könnten wir uns davon überwältigt fühlen. Als Folge davon werden wir vielleicht den verzweifelten Wunsch haben, unsere Einsichten wieder zu verdrängen, nur um in unserer alten angenehmen Weise weitermachen zu können. Ja, es wäre schön zu glauben, daß es in dem ganzen Chaos Nischen gibt; daß wir vielleicht diese oder die nächste Krise überstehen und dann wieder alles in Ordnung ist; daß die Erde vielleicht mit allem fertig werden kann; und daß vielleicht auch unsere Psyche all dem gewachsen ist. Oder wäre es vielleicht sogar möglich, Technologie, Wissenschaft, Geld und Besitz richtig zu nutzen? Gibt es überhaupt einen richtigen Weg?

Wenn wir die Hindernisse als Herausforderungen und Chancen sehen wollen, müssen wir sie aus spiritueller Perspektive und dem Blickwinkel der Evolution betrachten. Vielleicht sollte ja wirklich alles so sein, wie es jetzt ist. Vielleicht ist ja die extreme Spaltung und Zersplitterung, die uns umgibt und erfüllt, die Aufforderung an uns, einen anderen Weg einzuschlagen. Mit Sicherheit würde die östliche Spiritualität es auf diese Weise sehen. Der Evolutionstheoretiker Robert Wright definiert unsere Aufgabe mit den folgenden Worten:

Ich denke, es war vorauszusehen, daß wir diese Art von Wasserscheide in der Menschheitsgeschichte erreichen würden. Es ist einfach eine moralisch sehr interessante Wasserscheide. Was als nächstes geschieht – ob wir große

Fehler machen, die zu globalem Chaos und zu Zerstörung führen, oder ob wir ein Zeitalter der Harmonie einleiten – hängt weitgehend davon ab, ob wir die gemeinsamen Belange von Menschen rund um die Welt genau erkennen und Interesse für ihr Wohlergehen zeigen.[9]

Spekulieren wir einmal über die potentiellen Möglichkeiten für die Menschheit in dieser Situation. Eine Möglichkeit der Treibhauswelt ist in der Tatsache zu sehen, daß viele der höheren psycho-spirituellen Eigenschaften auf die Erde gezogen werden. Häufig werden sie verzerrt oder mißbraucht, können gleichzeitig jedoch sehr präsent in unserem Denken werden. Unsere Sehnsucht nach Liebe, Stärke und Schönheit mag durch diese oder jene neue Sache, Person oder Aktivität nicht erfüllt werden, aber trotzdem wird die Sehnsucht nach höheren Eigenschaften und Werten immer vordringlicher. Deshalb wird auch die Spiritualität weltweit zu einer Kernfrage. Yoga und Meditation werden zunehmend beliebter. Psychologische Therapien nehmen Meditation und andere spirituelle Aspekte in ihre Arbeit auf, und die psychologische Forschung untersucht das Heilungspotential von spirituellen Praktiken.

Es könnte also möglich sein, daß das psychologische Treibhaus uns lehrt, nach höheren seelischen und spirituellen Eigenschaften zu suchen, wir aber immer noch weitgehend an den falschen Stellen danach Ausschau halten. Um an der richtigen Stelle mit der Suche zu beginnen, müssen wir uns zuallererst des Wirrwarrs bewußt werden, womit unser Denken vollgestopft ist, und dann ein Gefühl dafür bekommen, was es bedeutet, diesen Wirrwarr hinter sich zu lassen. Ziel ist, an einen Punkt zu gelangen, der von Assagioli mit eindrucksvollen Worten beschrieben wird:

Mehr als alles andere beschäftigt sich Spiritualität damit, die Lebensprobleme von einem höheren, erleuchteten, synthetischen Standpunkt aus zu betrachten, alles auf der Basis von echten Werten zu überprüfen in dem Bestreben, zum Wesenskern jeder Tatsache vorzudringen und es sich weder zu erlauben, bei äußeren Erscheinungsformen haltzumachen, noch vereinnahmt zu werden von traditionell anerkannten Meinungen, von der Art und Weise, wie die Welt im allgemeinen die Dinge sieht, oder von unseren eigenen Neigungen, Emotionen und Vorurteilen … Wenn sich das spirituelle Licht auf die komplexesten individuellen und kollektiven Probleme richtet, dann bewirkt es Lösungen und zeigt Wege auf, wie wir zahlreiche Gefahren und Irrtümer vermeiden können. Dies erspart uns viel Leiden und bringt unserem Leben daher unschätzbaren Nutzen.[10]

Das im folgenden Kapitel dargestellte yogische Modell von Körper und Geist wird aus einer spirituellen Perspektive bestätigen, daß darin in der Tat unsere entwicklungsgeschichtliche Chance besteht. Es wird auch aufzeigen, daß der wichtigste Aspekt dieser Reise zum inneren Selbst darin besteht, geistiges Gleichgewicht durch Meditation zu erlangen.

Kapitel 3

Yoga, Körper und Geist

Im Westen wird unter „Körper“ gewöhnlich der physische Körper aus Fleisch und Knochen verstanden. Dieses begrenzte Verständnis führt dazu, daß der Geist als etwas qualitativ ganz anderes gesehen wird. Viele Psychologiebücher treten für die ursprüngliche oder ursächliche Überlegenheit des einen oder des anderen ein. Welch ein Unsinn! Nach Ansicht des Yoga ist der Geist die feinstofflichste Form der Materie, und es wird zwischen drei verschiedenen Körpern von unterschiedlicher Dichte unterschieden.

Der physische Körper wird als die grobstofflichste Manifestation des Geistes angesehen. Außerdem gibt es noch den Astral- und den Kausalkörper. David Frawley bezeichnet den Kausalkörper als „die Magnetsphäre der Seele“. Die Seele hat ihren Sitz im Herzen aller Geschöpfe. Mit „Herz“ ist hier nicht das physische Herz gemeint, sondern der innere Kern unseres Wesens, den wir im Bereich des physischen Herzens erfahren. Der Kausalkörper ist der Bereich der Ideen, das reine Bewußtsein der Seele. Dieses Bewußtsein fließt vom Kausalkörper in den Astralkörper. Dieser Körper entspricht dem Bereich von Prana, der Lebensenergie, deren Bewegung nach innen und nach außen, nach oben und nach unten gerichtet ist, die sich ausdehnt und ausbalanciert. Vom Astralkörper fließt die schöpferische Energie in den physischen Körper, in die Sinnes- und Bewegungsorgane. Der Astralkörper ist die Kraftquelle für die Sinne. Astral- und Kausalkörper sind gewissermaßen verschiedene Ebenen des Geistes: Der Astralkörper wird von dem äußeren Geist oder Sinnesgeist beherrscht, der Kausalkörper von dem tieferen Bewußtsein des Herzens (*chitta*). Dies ist unser innerer Geist oder Seelengeist – jener Ort, wohin dich die MindBalancing-Meditation führen wird.

An bestimmten Stellen im physischen Körper, den Energiezentren entlang der Wirbelsäule oder *Chakras*, sind die drei Körper miteinander verbunden. Das Öffnen der Chakras öffnet die Tore zum Astral- und Kausalkörper und zum höheren Selbst jenseits davon.

Yoga und der Körper

Die Chakras

Der Begriff „die Chakras öffnen" wird von vielen verwendet, die sich für spirituelle Dinge interessieren. Ein paar Worte, die zur Vorsicht mahnen, sind hier jedoch angebracht. Viele spirituelle Yoga-Praktiken haben das Ziel, die Kundalini- oder Schlangenkraft zu erwecken – unsere Fähigkeit zu kosmischem Bewußtsein. Bei diesem Prozeß werden die Chakras, als latente Energiezentren des feinstofflichen Körpers, aktiviert. Sie lassen sich zwar im physischen Körper lokalisieren, ihre Hauptaufgabe liegt jedoch im feinstofflichen (mentalen) und im kausalen (spirituellen) Körper. Das Erwecken der Kundalini und das Öffnen der Chakras ist gleichzeitig ein kraftvoller und ein äußerst behutsamer Vorgang, der die disziplinierte Praxis von Pranayama, Mantra, Meditation und eine yogische Lebensweise verlangt, damit Körper und Geist gereinigt werden. Dies muß unter der Anleitung eines Lehrers durchgeführt werden. Paramahansa Yogananda hat ein Programm der Yoga-Meditation entwickelt, wozu Pranayama, Pratyahara und Mantra gehören und das zu der Praxis von Kriya-Yoga führt. Dieses Programm ist in Form von schriftlichen Lektionen bei der Self-Realization Fellowship[11] und in Form von Lektionen und Kursen bei Ananda[12] erhältlich. Für mich besteht die Schönheit von Yoganandas Lehre darin, daß sie Westlern sehr zugänglich und verständlich ist, ohne dem spirituellen Reichtum ihrer Wurzeln in der alten Yoga-Tradition zu schaden.

Die folgende Einführung in die Chakras soll ihre Verbindung mit dem Thema dieses Buches verdeutlichen. Es handelt sich dabei nicht um ein Programm für das Erwecken der Kundalini. Ohne geeignete Anleitung kann dies zu Kundalini-Störungen führen, die aus ernsten körperlichen und psychischen Beschwerden bestehen können. Davor warnt auch David Frawley:

Mit der Kundalini-Energie sollte man nicht herumspielen; sie braucht vielmehr eine angemessene Lenkung, um sie zu nutzen. Es ist besser, sie überhaupt nicht zu nutzen, als sich ohne eine richtige Orientierung auf sie einzulassen. Bevor man versucht, sie zu erwecken, sollten Körper und

Geist entsprechend gereinigt werden. ... Kundalini-Störungen entstehen gewöhnlich aus einer gewaltsamen oder fehlgeleiteten Anstrengung, sie aufsteigen zu lassen, obwohl vorübergehende Kundalini-Störungen jedem auf dem spirituellen Pfad widerfahren können.[13]

Die Chakras spielen eine zentrale Rolle bei der Verteilung von Lebensenergie aus den höheren geistigen Bereichen in den physischen Körper und im spirituellen Entwicklungsprozeß. Obwohl sie entlang der Wirbelsäule lokalisiert sind, haben sie spiegelbildliche Punkte (ausgenommen das Wurzelchakra) an der vorderen Seite des Körpers, die bei den Yogaübungen häufig im Mittelpunkt stehen. Das Wurzel- oder Muladhara-Chakra am Steißbein liegt bei Männern zwischen Hodensack und Anus und bei Frauen an der hinteren Seite des Gebärmutterhalses. Das Sakral- oder Svadisthana-Chakra befindet sich am unteren Ende der Wirbelsäule und spiegelt sich in einem Punkt am Schambein genau oberhalb der Genitalien wider. Das Solarplexus- oder Manipura-Chakra im Bereich der Lendenwirbel liegt direkt hinter dem Nabel, und sein vorderer spiegelbildlicher Punkt ist der Nabel. Das Herz- oder Anahata-Chakra im Bereich der Rückenwirbel befindet sich direkt hinter der Mitte des Brustkorbs und spiegelt sich im Herzen wider. Das Kehl- oder Vishuddhi-Chakra im Bereich der Halswirbel liegt im Halsgeflecht und hat seine Entsprechung an der Stelle der Schilddrüse. Das Stirn- oder Ajna-Chakra liegt am oberen Ende der Wirbelsäule, der Medulla oblongata, und spiegelt sich in einem Punkt zwischen den Augenbrauen, dem „Dritten Auge", wider.

Blockaden in den Chakras stehen mit Blockaden auf dem spirituellen Weg in Zusammenhang und können mit für jedes Chakra spezifischen körperlichen und psychischen Beschwerden verbunden sein. Wenn wir uns spirituell weiterentwickeln wollen, müssen dem Yoga zufolge die Chakras geöffnet werden, damit die Lebensenergie ungehindert die Wirbelsäule hinauf- und herabfließen kann. Dadurch soll diese magnetisiert werden und damit den Weg zum höheren Selbst erschließen und unsere Verbindung mit dem Göttlichen ermöglichen. Es ist interessant, an dieser Stelle zu erwähnen, daß Schmerzen im unteren Rückenbereich im Westen weit verbreitet sind, doch in 85% aller Fälle keine physische Ursache dafür diagnostiziert werden kann. Da erhebt sich doch die Frage, ob dies nicht mit blockierten Chakras zu tun haben kann.

Vor über zehn Jahren, als der Prozeß der Wiedervereinigung in vollem Gange war, besuchte ich Ostdeutschland. Ich beobachtete, wie die Menschen dort wie hypnotisiert waren von all den neuen Artikeln aus dem Westen in ihren farbenfrohen Verpackungen, die plötzlich die Läden füllten – Dinge, die sie vorher nie gehabt hatten. In der folgenden Nacht hatte ich einen Traum:

Im Traum sehe ich Menschen im Osten des sich vereinigenden Landes, die ihren gewohnten Aktivitäten nachgehen. Alles sieht ziemlich normal aus, nur ihre Bewegungen sind ein wenig langsam und vorsichtig. Sie scheinen viel Zeit damit zu verbringen, nach außen zu blicken, in Schaufenster, auf das neue Geld in ihren Händen. Ja, irgendwie sehen sie wie Roboter aus. Und dann entdecke ich plötzlich den Grund dafür. In ihrem Körper, in der Magengegend, ist ein riesiges dunkles Loch, so als wäre etwas mit großer Kraft herausgerissen worden. An den Außenrändern sieht das Loch immer noch rot und wund aus. Die Menschen wollen das Loch und den Wundschmerz nicht wahrnehmen. Darum müssen sie nach außen blicken, auf all die neuen farbenfrohen Dinge in den Schaufenstern, auf die neuen Autos, auf alles Neue aus dem Westen. Doch die Löcher in ihren Mägen versuchen etwas zu sagen. Ich kann einen Chor wie ein tiefes Grollen hören: H-O-O-O-O-M-E.

Sie wollen heim? Warum? Und was tun sie dafür? Ich bin erstaunt über den Kontrast zwischen ihren äußerlich ruhigen, gelassenen, roboterhaften Bewegungen und dem tiefen inneren Schmerz und dem Ruf nach einem Heim, einer Heimat. Was tun sie und auf welche Weise erleben sie es? Sie scheinen nichts anderes zu tun als zu essen. Sie essen mit ihren Augen, ihren Mündern und ihren Ohren: der kleine Junge, der die bunte Verpackung von seiner Eistüte abreißt; die Gruppe junger Männer, die sich auf dem Marktplatz der verschlafenen Kleinstadt versammelt haben und Aluminiumdosen mit Bier aus dem Westen öffnen; und die Frauen, welche die Farben und Formen der neuen Kleider in den Schaufenstern gierig in sich aufsaugen. Ich verspüre eine Leere in meiner eigenen Magengegend und Traurigkeit im Herzen. Sie alle sehen wie verirrte Kinder aus, die von den hübschen Farben der Dosen, Schachteln und Verpackungen wie verzaubert sind.

Dann verblaßt das Bild des kleinstädtischen Marktplatzes, und ein anderes Bild taucht auf. Es ist tief unter der Erde und hoch oben im Himmel, immer noch in Ostdeutschland. Ich weiß, daß ich nun das Land als

Ganzes sehe, auf einer tieferen und gleichzeitig höheren Ebene. Was ich sehe, verstärkt die Traurigkeit in meinem Herzen noch und bringt mich zum Weinen. Ich sehe ein riesiges dunkles Loch, das denjenigen ähnelt, die ich im Körper der einzelnen Menschen erblickt habe – die gleichen wunden, ausgefransten Ränder, als hätte jemand etwas gewaltsam herausgerissen. Die Ränder des Loches bewegen sich, ziehen sich zusammen und dehnen sich aus, langsam und schwer, als wollten sie etwas verdauen. Und dann erkenne ich, was dieses Loch zu verdauen sucht: Durch eine Öffnung hoch oben in der Höhle kommen die Verpackungen und die Dosen, die von den Menschen weggeworfen werden, und fallen in die sich bewegende Höhle hinab. Einiges von dem bunten Müll bleibt in den Höhlungen und Falten der rosafarbigen, wund aussehenden Wände hängen, wird zerquetscht, aber nicht verdaut, während gleichzeitig vor allem die Dosen in die verwundeten Wände des Loches hineinschneiden. Am Grunde der Höhle beginnen sich kleine Müllhaufen aufzutürmen. Und dann erwache ich aus dem Traum.

Nachdem ich nachgedacht und meditiert hatte, habe ich erkannt, daß die Bilder in dem Traum eine Reise durch die Chakras darstellen, wobei sie die mit den Chakras in Zusammenhang stehenden psycho-spirituellen Themen mit den emotionalen Erfahrungen der im Traum auftretenden Menschen verbinden. Der Traum scheint auch zu veranschaulichen, wie die Welt des Habenwollens Blockaden in den Chakras entstehen läßt, welche die spirituelle Entwicklung behindern.

Habenwollen ist eng mit unserem Magenbereich und Verdauungssystem verbunden. Der Traum stellt symbolisch dar, wie wir diesen Bereich mit Müll vollfüllen. Dieser Bereich ist auch der Sitz des Verdauungsfeuers, das, wenn es ständig überreizt wird, Magengeschwüre und andere Verdauungsprobleme hervorruft. Das Modell der Treibhauspsyche hat gezeigt, wie wir unseren geistigen Raum und unser Bewußtsein ebenfalls mit Zeug vollstopfen. Das Traumbild des riesigen Magens in der Erde ließ mich an die wachsenden Probleme denken, die wir mit Erddeponien haben, wo wir unseren Giftmüll vergraben, der dann später an irgendeiner Stelle wieder hervorsickert.

Im Yoga ist der Nabel der Sitz des Solarplexus-Energiepunktes oder Manipura-Chakra (*Manipura* = „Stadt der Juwelen"). Es wird vom Feuer-Element beherrscht und ist das Zentrum von Dynamik, Energie,

Willenskraft und Leistung, das die Lebensenergie durch den ganzen Körper verteilt. Dies ist ein sehr wichtiges Energiezentrum und ein Wendepunkt auf dem spirituellen Pfad, weil die Energie sich von den darunterliegenden Chakras durch Manipura bewegen muß, um zu den höheren spirituellen Chakras zu gelangen. Es ist auch eng mit dem Ajna-Chakra (Drittes Auge) zwischen den Augenbrauen verbunden. Viele Atemtechniken des Yoga konzentrieren sich auf diese beiden Energiepunkte, weil sie eine so wichtige Rolle für die richtige Verteilung der Lebensenergie in uns spielen. Das übermäßige Habenwollen in unserer Konsumwelt schlägt uns auf den Magen und geht uns auf den Geist. Solange diese beiden Energiezentren damit beschäftigt sind, äußere Dinge haben zu wollen und sich einzuverleiben, sind sie blockiert, und ihre Energie wird für die spirituelle Entwicklung nicht zur Verfügung stehen.

Auf einer psychologischen Ebene ist Habenwollen mit vielen negativen Eigenschaften verbunden, wie Gier, Eifersucht, Konkurrenzkampf, Unterdrückung, Ausbeutung und Selbstsucht. Diese Eigenschaften sind Ausdruck von Spaltung und Zersplitterung.

Habenwollen ist aber auch mit Emotionen wie Angst, Depression, Wut und Gewalttätigkeit verbunden. Da gibt es die Angst, das nicht zu bekommen, was wir wollen, oder das zu verlieren, was wir haben. Wut und Depression treten auf, wenn wir uns angestrengt bemühen und doch nicht bekommen können, was wir wollen, oder wenn wir das verlieren, was wir haben. Im Extremfall kann mit Gewalt versucht werden, das zu bekommen, was wir wollen, oder diejenigen zu bestrafen, die das haben, was wir nicht bekommen können. Man gerät nur allzu leicht in die Falle, etwas anderes oder mehr haben zu wollen – oft nur deshalb, um dem Schmerz des „Nichthabens" zu entfliehen.

Die verheerende Wirkung, welche dies für unsere spirituelle Entwicklung hat, kann durch das yogische Modell der Chakras weiter erhellt werden. Alle obengenannten negativen Eigenschaften und Emotionen, wie Habgier, Wut und Depression, sind den beiden niederen Energiezentren, Muladhara- und Svadisthana-Chakra, zugeordnet. Die dort ansässigen Energien, die Teil unserer animalischen Natur sind, müssen transformiert und nach oben zu den höheren Chakras gelenkt oder von diesen durchdrungen werden. Dafür müssen die Energien durch das Manipura-Chakra fließen und zum Anahata-

Chakra gelangen, dem Sitz von überpersönlicher Liebe und Mitgefühl. Wenn wir das Manipura-Chakra ständig vollfüllen, verhindern wir jedoch diesen Transformationsfluß und halten unsere Energie in den niederen Chakras. Dadurch können wir uns nicht der transformierenden Kraft des Mitgefühls aus dem Herzen öffnen, wie es in der Meditation geschieht.

Wir werden später verstehen, daß dieser Mechanismus mit der besonderen Geistesebene zu tun hat, von der aus wir agieren, und wie diese in unserer Kultur ständig stimuliert und bekräftigt wird, während es doch darum geht, sie zu transzendieren.

Für den Yoga bedeutet dies, daß wir zuerst das Ajna-Chakra erwecken müssen, das auch als der Sitz der Intuition, des höheren Willens und des Christusbewußtseins bezeichnet wird. Von diesem Energiezentrum aus können wir die Dinge so sehen, wie sie wirklich sind. Die direkte Verbindung zwischen Ajna- und Manipura-Chakra bedeutet, daß wir durch geistige Veränderung die Blockaden, die durch das ständige Vollfüllen des Manipura-Chakra erzeugt werden, auflösen können und es dadurch der Energie ermöglichen, nach oben zu fließen. Deshalb konzentrieren wir uns in der Meditation entweder auf das Dritte Auge oder gehen von diesem aus. Das bedeutet auch, daß die Arbeit mit dem Geist und das Erwecken der Intuition der erste entscheidende Schritt für die spirituelle Entwicklung ist. Für die Reinigung des Geistes brauchen wir auch das Verständnis dafür, und davon handelt dieses Buch.

Nach der Weisheit des Yoga ist unsere Existenz in dieser Welt nicht möglich – ja nicht einmal vorstellbar – ohne Konflikt und Widerspruch, da sie nun einmal so erschaffen ist. Wir leben in einer Welt der Dualität, was bedeutet, daß alles in Gegensatzpaaren existiert: Licht und Dunkel, heiß und kalt, glücklich und unglücklich, Freude und Schmerz. Unsere Herausforderung besteht darin, unseren Weg zwischen diesen gegensätzlichen Kräften zu finden, und so werden uns meist auch unsere Lebenslektionen präsentiert. Dies wird später noch genauer ausgeführt; hier an dieser Stelle wollen wir uns nur mit dem Gedanken anfreunden, daß der einzige Ausweg innen liegt. Das heißt, daß wir die äußeren Konflikte und Widersprüche nicht durch äußere Aktivitäten lösen oder versöhnen können. Wir müssen uns vielmehr mit unserer inneren Wahrnehmung von Konflikten und Widersprüchen sowie unseren Reaktionen darauf auseinandersetzen.

Das bedeutet, uns mit unserem Geist zu beschäftigen, ehrlich unsere innere Welt zu betrachten, die vorhandenen Konflikte und Widersprüche durchzuarbeiten, ohne uns darüber allzusehr aufzuregen. Dies könnte womöglich überraschend oder schwierig erscheinen, aber letztlich müssen wir diese inneren Konflikte überwinden. Wir müssen auch versuchen, an einen Ort in unserem Inneren zu gelangen, von wo aus diese Konflikte weniger Bedeutung haben und wir objektiver und gelassener mit ihnen umgehen können. Das heißt nicht, daß sie gar keine Rolle mehr spielen – sie haben nur weniger Bedeutung, weil etwas anderes wichtiger ist. Es gibt diesen Ort in unserem Inneren, wie uns die östliche Weisheit versichert. Wo aber ist er und wie gelangen wir dorthin?

Ein äußerst wirkungsvoller Weg aus der Welt des Habenwollens und des Konsums führt nach innen zur Seele, und dies geschieht durch die spirituelle Praxis der Meditation. Das weltliche Habenwollen zu reduzieren ist nicht mehr bloß ein abstraktes religiöses Ideal, sondern verändert sich rasch zu einer Notwendigkeit für unser Überleben als Spezies.

Die Chakras vergeistigen

Diese einfache, aber wundervolle Übung für die Chakras wird in Ananda gelehrt und soll von Lahiri Mahasaya, dem Guru von Yoganandas Guru, stammen.

Setze dich aufrecht auf einen Stuhl oder mit gekreuzten Beinen auf den Boden. Die Wirbelsäule ist gerade, die Augen sind geschlossen (siehe die Meditationshaltungen auf Seite 86 f.).

Konzentriere dich auf das Muladhara-Chakra an der Basis der Wirbelsäule. Atme in das Chakra hinein und wieder aus ihm heraus. Halte deine Aufmerksamkeit auf dieses Chakra gerichtet und rezitiere im Geiste etwa zehnmal Aum. Stelle dir gleichzeitig eine weiße Lotosblüte vor, die am Anfang nach unten weist und geschlossen ist. Stelle dir dann vor, während du Aum rezitierst, wie sich der Lotos allmählich nach oben wendet und die Blätter sich langsam öffnen. Stelle dir auch vor, daß weißes Licht aus dem Lotos nach oben zu dem nächsten Chakra strahlt.

Gehe dann weiter zum Svadisthana-Chakra im Bereich des Schambeins und verfahre wie vorher.

Dann zum Manipura-Chakra im Bereich des Bauchnabels.

Dann zum Anahata-Chakra in der Mitte der Brust.

Dann zum Visuddhi-Chakra in der Kehle, wo sich die Schilddrüse befindet.

Dann zur Medulla oblongata hinten am Kopf, wo die Wirbelsäule in den Schädel eintritt. Stelle dir vor, wie sich der Lotos hier öffnet und das Licht nach oben und nach vorne strahlt zum Ajna-Chakra, dem Dritten Auge.

Dann zum Ajna-Chakra, dem spirituellen Auge genau in der Mitte zwischen den Augenbrauen. Stelle dir vor, wie das Licht von hier aus leuchtend in alle Richtungen strahlt.

Verbringe dann einige Augenblicke damit, dir vorzustellen und zu spüren, wie sich das Licht durch alle Chakras nach oben zum Dritten Auge bewegt und von dort aus in die Welt ausbreitet.

Du kannst dieses aus dir strömende weiße Licht auch dazu nutzen, um heilende Energie zu anderen Menschen zu senden. Stelle dir vor, daß das weiße Licht die Person, der du Heilung schicken möchtest, erreicht und sie vollständig einhüllt. Es empfiehlt sich, dazu ein Heilgebet zu sprechen, wie „Himmlischer Vater (Göttliche Mutter oder Gott), umgib und erfülle (Name der Person) mit Frieden und Harmonie".

Yoga und der Geist

> *Die Philosophie des Sankhya-Yoga ist daher nicht nur analytisches und unterscheidendes Wissen vom Kosmos, sondern schließt auch präzise Methoden zur Selbstverwirklichung ein. Durch Sankhya-Yoga nimmt der Yogi die genaue Natur seines Körpers, seines Geistes und seiner Seele sowie des Kosmos in seiner Gesamtheit wahr. Durch wissenschaftliche Techniken erlangt er schrittweise das Wissen von der Höchsten Substanz der Schöpfung.*[14]

Dieses yogische Modell des Geistes beruht auf der indischen Philosophie des Sankhya. Sankhya ist jedoch nicht nur eine Philosophie der Schöpfung des Universums, sondern auch ein Modell der schöpferischen Lebenskraft in uns, der Seele und des Geistes, unserer

Beziehung zu Natur und Geist. Sankhya wird von Krishna in seinem Gespräch mit Arjuna in der *Bhagavad-Gita*, die oft als „Hindu-Bibel" bezeichnet wird, dargelegt.

Sankhya spielt eine zentrale Rolle im Denken und in der Praxis von Yoga und Ayurveda. In den Lehren von Paramahansa Yogananda und seines Guru Sri Yukteswar wird Sankhya als eine Philosophie, eine Kosmologie und als Führer zu den tiefen intuitiven Ebenen des Geistes dargestellt. Es handelt sich um ein System, das zwischen verschiedenen Geistesebenen unterscheidet, hauptsächlich dem rationalen oder Sinnesgeist (*manas*) und dem intuitiven oder Seelengeist (*buddhi*). Meditation wird als eine Praxis zur Stärkung des Seelengeistes angesehen. Ayurveda, der medizinische und der Heilkunst gewidmete Zweig der Veden, dessen alte Schriften die Grundlage des Yoga bilden, fördert das Gleichgewicht zwischen Rationalität und Intuition als wichtige Voraussetzung für körperliche und geistige Gesundheit.

Sowohl im Yoga als auch im Ayurveda wird Sankhya als eine ausgesprochen praktische Philosophie dargestellt. David Frawley beispielsweise bezeichnet Sankhya als eine Wissenschaft und eine Kosmologie und „die ursprüngliche spirituelle Wissenschaft, das Fundament des Yoga und Ayurveda".[15] Paramahansa Yogananda bezieht sich darauf als „die höchste Weisheit der Selbstverwirklichung", und Sri Yukteswar spricht von „heiliger Wissenschaft". Sankhya ist sowohl spirituell als auch psychologisch und bildet die theoretische Grundlage für die MindBalancing-Meditation.

Das Sankhya-System ist nicht leicht verständlich, denn wie bei vielen anderen Weisheitslehren des alten Indien wird man immer wieder auf verschiedene Gelehrte und Yogis stoßen, die bestimmte Aspekte etwas unterschiedlich auslegen. Dies ist für den westlichen Geist recht ungewohnt, weil wir so sehr an die ziemlich vereinfachende Zweiteilung in wahr oder unwahr gewöhnt sind. Unsere Logik scheint größtenteils binär zu sein, ganz ähnlich wie unsere Computer. Bei der indischen Philosophie kommt man immer an den Punkt, wo man seine eigenen Schlüsse ziehen muß – besonders wenn man es mit scheinbar widersprüchlichen Aussagen zu tu hat. Die Wahrheit zu finden ist ein interaktiver Vorgang zwischen dem Individuum und dem Guru oder Gott. Das bedeutet, daß du bis zu dem Punkt gelangen mußt, wo du deiner Intuition vertraust, und dies ist der Punkt des Seelenbewußtseins, wohin die yogische Weisheit dich führen will.

Achte darauf, welche Teile dieses Systems dich tief im Inneren ansprechen und welche Passagen in diesem Buch dich zum Nachdenken bringen. Yogananda empfahl seinen Schülern, fünfzehn Minuten zu lesen, dann eine halbe Sunde darüber nachzudenken und danach eine Stunde lang zu meditieren. Es geht darum, dein Bewußtsein zu verändern, und Denken und Reflektieren sind ein wichtiger Teil davon. Später wirst du viele Elemente des Sankhya-Systems in den Meditationsübungen dieses Buches wiederfinden.

Die 24 Prinzipien

Das ganze Universum wird im Sankhya-System als eine aufeinanderfolgende Differenzierung von 24 Prinzipien (*tattvas*) beschrieben. Diese Prinzipien haben mit unterschiedlichen Ebenen der Differenzierung und Materialisierung im Schöpfungsprozeß zu tun. Die 24 Prinzipien sind nicht nur Landkarten des Universums, sondern auch Landkarten der Psyche. Im Yoga werden die 24 Prinzipien des Sankhya, wenn auch leicht unterschiedlich, ebenfalls verwendet. Yoga befaßt sich nämlich nicht nur mit dem Entwicklungsprozeß der Natur von Geist zu Materie, sondern auch damit, wie die Yoga-Meditation das Bewußtsein des Meditierenden den umgekehrten Weg von der Materie zurück zum Geist führt.

Der Yogi führt sozusagen eine „Involution" der Schöpfung durch, das heißt, er kehrt die 24 Evolutionsprozesse der Natur um, wie sie im Sankhya-System dargelegt sind. Dabei beginnt er mit der Materie (der grobstofflichsten Form der Schöpfung) und geht weiter durch die miteinander verbundene Kette der 24 uranfänglichen Qualitäten, deren Ursprung im Geist liegt.[16]

Es ist wichtig, diese Prinzipien und besonders die Art und Weise zu verstehen, wie sie mit unseren Geistestätigkeiten in Verbindung stehen.

Der höchste Geist oder das kosmische Bewußtsein wird als *Purusha* bezeichnet; er ist reines, ungeteiltes Gewahrsein. *Prakriti* ist die schöpferische Kraft Gottes, der Aspekt des Geistes als schöpferische

Natur, die alles hervorbringt. Im Ayurveda bezeichnet Prakriti unsere ursprüngliche ausgewogene geistige und physische Konstitution, und ayurvedische Behandlung zielt darauf ab, diesen ursprünglichen Zustand wiederherzustellen. In der Meditation gelangen wir zu Prakriti, wenn wir die Gesamtheit der Natur als eins wahrnehmen können und die der materiellen Welt zugrundeliegenden Ideenprinzipien uns klar werden.

Die 24 Prinzipien sind Attribute von Prakriti, aus ihnen gehen alle Manifestationen hervor:

• ***Chitta*** (Herz) ist unser tiefstes Bewußtsein, unsere Gefühlskraft, der Geist im Zustand der Ruhe, der unberührt von Vorlieben und Abneigungen und den daraus entstehenden Emotionen ist.

• ***Ahamkara*** ist das Prinzip des Ego und bedeutet „Ich-Erzeugung". Es ist der Ausgangspunkt für die Differenzierung sowie die Zersplitterung. Ahamkara liegt auf der Ebene des Geistes und geht aus Chitta hervor, ist aber auch in jeder einzelnen Körperzelle und Lebenseinheit vorhanden. Es entspricht dem Prinzip, das uns aus der Verbindung mit allem anderen herauslöst und uns die Vorstellung von einer getrennten Existenz gibt. Doch als pures Ich kann es auch das Zentrum unseres reinen Selbst-Gewahrseins sein und uns zu Chitta führen. Chitta und Ahamkara werden von Manas und Buddhi polarisiert.

• ***Manas***, der äußere oder Sinnesgeist, ist derjenige Pol des Geistes, von wo aus die Abstoßung von Gott stattfindet.

• ***Buddhi***, der andere geistige Pol, ist die unterscheidende oder Seelenintelligenz des Individuums. Diese bezeichne ich als „inneren Geist", den wir durch Meditation zu stärken suchen. Von diesem Pol geht die Anziehungskraft zu Gott hin aus. Durch Meditation verlagert sich die Energie von Manas, dem äußeren Geist der Sinne, zu Buddhi, dem inneren Geist der Seele. Das bedeutet, daß wir unsere Aufmerksamkeit von den Sinnen zurückziehen müssen, um Chitta als den ursprünglichen, in sich ruhenden Gefühlszustand zu erfahren.

Wir können uns Chitta und Ahamkara als die obere beziehungsweise untere Hälfte eines Kreises vorstellen, während der ganze Kreis den Geist darstellt. Auf der linken und der rechten Seite dieses Kreises gibt es zwei Pole: Buddhi ist links und Manas ist rechts. Von Buddhi bewegt sich die magnetische Kraft aufwärts zu Gott, während sie sich von Manas abwärts zu den Ebenen von zunehmender Dichte bis schließlich zur Ebene von fester Materie bewegt.

Aus dieser Polarisierung auf der Ebene des Geistes läßt Prakriti dann durch ihre drei Grundeigenschaften Sattva, Rajas und Tamas die fünf ***Jnanendriyas*** (die fünf Instrumente der Sinneswahrnehmung) und die fünf ***Karmendriyas*** (die fünf Instrumente der Handlung oder Bewegung) entstehen. Sie stellen unser Potential für die Interaktion mit den fünf ***Mahabhutas*** (den fünf großen Elementen) dar. Yoga fügt dieser Kosmologie noch die fünf ***Pranas*** hinzu. Dabei handelt es sich um die fünf Bewegungen der Lebenskraft in der Materie; sie sind sehr wichtig für den Prozeß der Meditation und für Pranayama, die Beherrschung der Lebenskraft.

Die Endprodukte des Schöpfungsprozesses sind die fünf großen Elemente Äther, Luft, Feuer, Wasser und Erde. Die gesamte Materie und unser physischer Körper setzen sich aus verschiedenen Kombinationen dieser Elemente zusammen. Unsere Sinnes- und Bewegungsorgane sind aus denselben Prinzipien erschaffen; das bedeutet auch, daß wir mit unseren Sinnen nicht mehr als diese fünf Elemente wahrnehmen können, obwohl mehr existieren könnten. Die Elemente stellen die Manifestation der Grundideen hinter der Schöpfung in der folgenden Weise dar: Äther manifestiert die Idee von Raum und Verbindung und steht für die Seele; Luft ist Zeit, subtile Bewegung und Veränderung und steht für das Denken und den inneren Geist; Feuer ist Licht, Wahrnehmung und Bewegung und steht für Unterscheidungskraft; Wasser manifestiert Leben und die Idee von fließender Bewegung und steht für die Emotionen und den äußeren Geist; Erde ist Form, Festigkeit und Widerstand und steht für Gedächtnis und Anhaftung. Als solche Grundideen schließen die fünf Elemente alle Kräfte der Manifestation von Seele, Geist und Körper ein. Wir können daher die feinstofflichen Grundenergien der Elemente für die Arbeit an Körper und Geist nutzen. Später werden wir diese feinstofflichen Qualitäten der Elemente in Meditationsübungen für die Arbeit mit dem Geist heranziehen.

Dieses Modell beschreibt auf faszinierende Weise die Entwicklung von Materie aus Ideen und potentiellen Möglichkeiten. Es ist damit vergleichbar, wie die moderne Wissenschaft den Evolutionsprozeß als eine Bewußtseinsevolution zu sehen beginnt. Aus den beiden kosmischen Energien Purusha und Prakriti tritt die Natur in immer grobstofflicheren Manifestationsebenen in Erscheinung, bis sie schließlich die Stufe der anorganischen und organischen Materie erreicht, wozu auch der physische Körper gehört. Mahat oder Chitta (dem in seiner individuellen Manifestation Buddhi entspricht) ist die kosmische Intelligenz, der göttliche Geist, der alle großen Prinzipien hinter dem Leben in Form von Ideen einschließt. Manas ist der konditionierte oder Sinnesgeist, der manchmal auch als Intellekt bezeichnet wird und den wir gewöhnlich als den einzigen Geist betrachten, den wir haben. Für das Individuum ist dies der Geist, der mit der Aufnahme von Sinneseindrücken, der Verarbeitung von Informationen und der Planung und Ausführung von Handlungen beschäftigt ist.

Ahamkara und die Gunas

Der Geist nimmt also im System des Sankhya-Yoga eine zentrale Stellung ein. Aus Chitta und Ahamkara zusammengesetzt und durch Buddhi und Manas polarisiert, treffen hier die Kräfte der Anziehung hin zu Gott und der Abstoßung hin zur Materie aufeinander. Die drei Gunas Sattva, Rajas und Tamas sind die universellen Grundeigenschaften von Prakriti und spielen eine entscheidende Rolle im Prozeß der Materialisierung und Differenzierung. Sie sind zwar in der gesamten Schöpfung gegenwärtig, werden aber als besonders bestimmend für unsere Geistesstruktur angesehen. Daher gehören sie mit dem inneren und dem äußeren Geist, dem Bewußtsein/Herz und dem Ich zu wichtigen Elementen für den Prozeß der geistigen Ausrichtung auf die Anziehungskraft in der Meditation.

Ahamkara, die Ich-Erzeugung, ist der Prozeß der Teilung und Differenzierung, wodurch Prakriti und Mahat spezifische Formen annehmen. Die fünf Sinne, die fünf Handlungsorgane und die fünf Elemente entstehen aus Ahamkara durch die drei Gunas Sattva, Rajas und Tamas.

Das Ich bringt den Geist und die Sinne hervor … Unter dem Einfluß des Ichs ist eine Abweichung von der Natur möglich. Aus Prakriti, der natürlichen Ordnung der Dinge, kann Vikriti werden: ein kranker, gestörter, unnatürlicher oder künstlicher Zustand. Die Blindheit und das Anhaften, die das Ich bewirkt, ist die Hauptursache körperlicher, seelischer und geistiger Störungen.[17]

Wie wir gesehen haben, leben wir in einer Welt der extremen Spaltung und Zersplitterung auf der inneren wie der äußeren Ebene. Innere und äußere Spaltung verstärken sich gegenseitig und haben ein komplexes Netz von Getrenntheit und wechselseitiger Abhängigkeit in unserer inneren und äußeren Welt geschaffen. Es ist äußerst schwierig geworden, das Licht von Purusha und Prakriti jenseits von Ahamkara wahrzunehmen.

Das bedeutet auch, daß Chitta-Nadi, der wichtigste Energiekanal für den Geist, die Energie nach außen in die Sinne anstatt nach innen in die Seele fließen läßt. Viele ayurvedische Behandlungsmethoden und Yoga wirken darauf ein, diesen Prozeß der Spaltung und Zersplitterung und den eng damit verbundenen übermäßigen Energiefluß in die Sinne zu erkennen und umzulenken.

Die Gunas („das, was bindet") sind die Grundqualitäten der ursprünglichen Natur und stellen ihr Potential zur Diversifizierung dar. Alle Objekte in der Welt, ebenso wie wir selbst, sind unterschiedliche Kombinationen aus den drei Gunas. *Sattva* ist die Qualität von Stabilität, Harmonie und Tugendhaftigkeit. *Rajas* entspricht Turbulenz, Leidenschaft und Aktivität, und *Tamas* ist Schwere, Dunkelheit und Stagnation. Die Gunas als Urqualitäten sind der energetische Ursprung der grobstofflicheren Schöpfungsformen, wie beispielsweise die Elemente.

Der Geist als die feinstofflichste Form von Materie wird in besonderem Maße von den drei Gunas geformt. Ziel der psycho-spirituellen Entwicklung ist, Sattva im Geist zu fördern und damit zu Frieden und Harmonie zurückzukehren.

Sattva entwickeln

Gut ist die Beharrlichkeit, mit der ein Mensch
Seine Herzschläge, seinen Lebensatem,
Die Bewegung seiner Sinne beherrscht,
Gefestigt in unerschütterlichem Glauben und Vertrauen:
Das ist Sattva, Prinz, beständig und wahrhaft!
Befleckt ist die Beharrlichkeit, wodurch ein Mensch
An seiner Pflicht, Absicht, Anstrengung, an seinem Ziel festhält
Um seines Lebens und um der Liebe der Götter willen:
Arjuna, das ist Rajas, von Leidenschaft geprägt!
Traurig ist die Beharrlichkeit, womit der Narr
Haftet an seiner Trägheit, seiner Sorge und seinen Ängsten,
An seiner Torheit und Verzweiflung. Dies, Prithas Sohn,
Entsteht aus Tamas, dunkel und elend![18]

Die Förderung von Sattva im Geist ist nicht so einfach, wie sich dies anhören mag, und hängt sehr von unserem Ausgangspunkt ab, das heißt, welches Guna ursprünglich in uns überwiegt. Wenn Tamas die vorherrschende geistige Energie ist, dann wird wahrscheinlich zunächst Rajas gestärkt werden müssen, bevor Sattva zum Fokus werden kann. Ein Beispiel dafür wäre jemand, der depressiv, lethargisch und selbstzerstörerisch ist, mit anderen Worten sehr tamasische Eigenschaften hat. Eine solche Person würde zuerst ihren eigenen Willen und möglicherweise einige rajasische Eigenschaften wie Ehrgeiz, Zorn und Erregung entwickeln müssen, ehe die sattvischen Qualitäten von Erleuchtung, Mitgefühl und Begeisterung an der Reihe sind. Hier sind auch die psychologischen Therapien wichtig, die sich auf das Ausdrücken von starken Gefühlen, wie zum Beispiel Wut, konzentrieren.

Wenn wir jedoch Körper und Geist ins Gleichgewicht bringen wollen, ist es von entscheidender Bedeutung, daß wir unsere geistige Energie in Richtung von Sattva lenken. Aus der Definition der Gunas und der Untersuchung unserer Welt der Spaltung und Zersplitterung geht deutlich hervor, daß wir in sehr rajasischen Zeiten leben, wo wir uns häufig zwischen Rajas und Tamas hin- und herbewegen – auf Zeiten der Überaktivität folgen oft Zeiten der Lethargie und Stagnation.

Die Vorherrschaft von Sattva in unserer Natur ist der Schlüssel für Gesundheit, Kreativität und Spiritualität. Sattvische Menschen haben eine harmonische und anpassungsfähige Natur, die sie von psychischen und physischen Krankheiten fernhält. ... Rajasische Menschen haben eine gute Energie, verbrauchen sich aber selbst durch zu viele Aktivitäten. Ihr Geist ist meist aufgewühlt und selten friedfertig. ... Tamasische Menschen haben tiefsitzende psychologische Blockaden. Ihre Gefühle und ihre Energie stagnieren oft und werden unterdrückt, und sie wissen nicht, wo ihre Probleme wirklich liegen.[19]

Meditation ist offensichtlich mit Sattva verbunden, doch kann ein sattvischer Zustand nicht durch Meditation allein erlangt werden. Weitere Veränderungen in der Lebensweise und Einstellung sind ebenfalls notwendig dafür. Die folgende Tabelle wird dir eine gewisse Vorstellung über deinen geistigen Konstitutionstyp vermitteln und auch auf Bereiche in deinem Leben hinweisen, an denen du arbeiten könntest.

Gewöhnlich überwiegt ein Guna in unserer Wesensnatur. Wir erleben jedoch spirituelle oder sattvische Momente, rajasische oder verwirrte Phasen und tamasische oder dumpfe Zeiten, die länger oder kürzer sein können, was von unserer Natur und unseren Aktivitäten abhängig ist. Es gibt auch sattvische, rajasische oder tamasische Lebensphasen, die monate- oder sogar jahrelang andauern können.

In der folgenden Tabelle bezieht sich die linke Spalte auf Sattva, die mittlere auf Rajas und die rechte auf Tamas. Bei den meisten von uns wird in unserer gegenwärtigen Kultur wahrscheinlich Rajas überwiegen. Nach Frawley liefert die Tabelle auch gewisse Hinweise auf unsere Anfälligkeit für psychische Probleme. Mehr Tamas bedeutet größere psychische Schwierigkeiten, während mehr Sattva auf einen ausgewogenen Geist hinweist.

Tabelle der geistigen Konstitutionstypen[20]

Ernährung	vegetarisch	etwas Fleisch	viel Fleisch
Drogen, Alkohol und Reizmittel	nie	gelegentlich	häufig
Sinneseindrücke	ruhig, rein	gemischt	gestört
Schlafbedürfnis	gering	mittelmäßig	groß
sexuelle Aktivität	gering	mittelmäßig	stark
Sinneskontrolle	gut	mittelmäßig	schwach
Sprache	ruhig, gelassen	erregt	dumpf
Sauberkeit	groß	mittelmäßig	gering
Arbeit	selbstlos	zum eigenen Nutzen	faul
Zorn	selten	manchmal	oft
Angst	selten	manchmal	oft
Verlangen	wenig	etwas	viel
Stolz	bescheiden	etwas Ego	eitel
Depressionen	nie	manchmal	häufig
Liebe	universell	persönlich	Mangel an Liebe
Gewalttätigkeit	nie	manchmal	häufig
Hängen am Geld	gering	etwas	sehr stark
Zufriedenheit	meistens	teilweise	nie
Versöhnlichkeit	vergibt leicht	mit Mühe	nachtragend
Konzentration	gut	mittelmäßig	schlecht
Gedächtnis	gut	mittelmäßig	schlecht
Willenskraft	stark	schwankend	schwach
Ehrlichkeit	immer	meistens	selten
Seelenruhe	fast immer	teilweise	selten
spirituelles Studium	täglich	gelegentlich	nie
Mantra und Gebet	täglich	gelegentlich	nie
Meditation	täglich	gelegentlich	nie
Summe	**Sattva ....**	**Rajas ....**	**Tamas ....**

Wenn du jeweils die für dich zutreffenden Aussagen ankreuzst und zusammenzählst, erhältst du eine Punktzahl für Sattva, Rajas und Tamas. Die meisten von uns sind hauptsächlich von Rajas geprägt, und wenn du sehr tamasisch wärest, würdest du vermutlich weder dieses Buch lesen noch diesen Test machen. Vor allem geht es darum, wie du Sattva in deinem Geist fördern kannst. Alle Meditationsübungen in diesem Buch, insbesondere das MindBalancing-Programm, zielen darauf ab, Sattva stärker zu entwickeln und dadurch deinen Geist zu seinem ursprünglichen Zustand zurückzuführen.

Die Gunas stehen auch mit den Chakras in Verbindung, die im Abschnitt über „Yoga und der Körper" bereits behandelt worden sind. Die folgende Darstellung dieser Verbindung stützt sich auf die Deutung von Yogananda in seinem Kommentar zur *Bhagavad-Gita*[21]. Laut Yogananda bewegt Sattva sich aufwärts, Rajas befindet sich in der Mitte, und Tamas bewegt sich nach unten. Das bedeutet, daß das Bewußtsein einer sattvischen Person hauptsächlich im spirituellen Auge (Ajna-Chakra) weilt, das einer rajasischen Person im Herzen und das einer tamasischen Person in den drei unteren Energiezentren. In ihrem natürlichen Zustand sind alle Chakras spirituell und spiegeln verschiedene Aspekte der göttlichen Intelligenz (das Überbewußtsein der Seele) wider. Wenn die Energien dieser Zentren durch die Sinne jedoch nach außen gezogen werden, verlieren sie ihre Verbindung zur Seele und ihr Ausdruck verändert sich. Die Kopfzentren der Medulla oblongata und des Dritten Auges äußern sich dann als rastloser Verstand und Rationalität anstatt als Weisheit, Intuition und Gemütsruhe. Das Herzzentrum drückt sich als Impulsivität von gefühlsbetonten Vorlieben und Abneigungen, Anhaftungen und Aversionen aus anstatt in Form von Mitgefühl und Beherrschung der Lebenskraft. Wenn die drei unteren Energiezentren nach außen projiziert werden, nähren sie die Wünsche und Triebe der Sinne, anstatt sich in einem selbstbeherrschten und ethischen Verhalten zu äußern. Durch den Sinnesgeist gelenkt, bleiben Bewußtsein und Lebenskraft in den drei unteren Chakras und haben keine Chance, durch die Energie des Herzens ausgeglichen und nach oben ausgerichtet zu werden. Dies führt zu einem tamasischen Seinszustand. Rajasisches Bewußtsein, das sich in der Mitte befindet, hat die Möglichkeit, sich entweder nach oben oder nach unten zu bewegen. Die Aktivitäten von Rajas können durch die spirituellen Eigenschaften des Herzens gebunden werden und sich dadurch zu den höheren Ebenen der Kopfchakras erheben, oder sie können den Versuchungen der Sinne nach unten zu den niederen Chakras folgen. Im Vergleich damit hat tamasisches Bewußtsein es schwerer. Hier müssen zuerst die rajasischen Eigenschaften entwickelt werden, ehe Sattva zum Thema werden kann.

Den Geist verändern

In der Wissenschaft der Veden, des Yoga und Ayurveda wird der Geist, der auch die Emotionen einschließt, als die feinstofflichste Form von Materie angesehen, welche die dichteren materiellen Formen beeinflussen und verändern kann. Daher sind positive Veränderungen auf der Ebene des Geistes äußerst wirksam darin, positive Veränderungen auf der physischen Ebene einzuleiten, was auch unseren Körper und unsere konkrete natürliche Umwelt betrifft. *Mind over matter!*

Oft ist es jedoch äußerst schwierig, den Geist zu verändern. Die meisten Menschen gehen in Unwissenheit durch ihr Leben, was bedeutet, daß sie nur auf der höchst oberflächlichen Ebene von konditionierten gewohnheitsmäßigen Wahrnehmungen und Denkweisen über sich und ihr Leben agieren. Sie funktionieren mehr wie Computer, welche mit derselben alten Software laufen, dieselben alten Probleme hervorrufen, manchmal abstürzen und bisweilen „Flicken" verwenden, um den schlimmsten Schaden zu reparieren.

Im Augenblick scheint die ganze Welt in einer extremen Version von Ahamkara, dem Ego-Prinzip, mit einer ständigen Stimulierung und Stärkung von Manas, dem Sinnesgeist, gefangen zu sein. Das bedeutet, daß die Kraft der Abstoßung von Gott und dem Bewußtsein der Einheit zunimmt. Wenn wir uns mit der Anziehungskraft verbinden wollen, müssen wir die Polarität des Geistes zu Buddhi hin ausgleichen und unsere Energie und Konzentration vom Ego zum Herzen verlagern.

Sankhya als die Grundlage der yogischen und ayurvedischen Psychologie zeigt uns den Weg zu einer dringend notwendigen Rückorientierung. Zu den wichtigsten Yogapraktiken dafür gehört Meditation unter Einschluß von Pratyahara, dem Zurückziehen von Energie aus dem Sinnesgeist. In diesem Zusammenhang kann Meditation verstanden werden als

• eine religiöse Praxis, die den Meditierenden zur Vereinigung mit Gott führt oder

• eine heilende Praxis für den Geist oder die Psyche als Gegengewicht zu dem übermäßigen Einfluß des Ego-Prinzips.

Obwohl beide Verständnisweisen im wesentlichen gleich sind, impliziert die zweite, daß Meditation als heilende Praxis angewendet werden kann, ohne sich bestimmten religiösen Modellen verpflichtet fühlen zu müssen. Wir werden jedoch später noch sehen, daß Hingabe an Gott oder Werte und Prinzipien des höheren Selbst eine wichtige Komponente in diesem Prozeß der Re-Polarisierung des Geistes darstellt. Hingabe oder Bhakti-Yoga erzeugt im Herzen das emotionale Gegengewicht zu den eingewurzelten Gewohnheiten des Ego-Prinzips.

Die Evolution und der Weg zum Gleichgewicht

Das Sankhya-System erklärt uns die zentrale Rolle des Geistes innerhalb der Schöpfung, in der Evolution und in unseren eigenen Kämpfen. Man kann nicht einfach sagen, Manas sei schlecht und Buddhi sei gut. Was wir brauchen, ist ein besseres Gleichgewicht zwischen dem äußeren Geist der Sinne und dem inneren Geist der Seele. Spaltung, Zersplitterung und Differenzierung als Ausdruck des Ego-Prinzips sind ein normaler Bestandteil des Lebens in unserer Welt. Soweit wir wissen, hat die Evolution von Anfang an so funktioniert. Doch die Evolution hat auch die Zersplitterung und Differenzierung dazu genutzt, um sich zu höheren Ebenen einer komplexen Einheit weiterzuentwickeln. Beispielsweise besteht ein Molekül aus Atomen, aber es ist auch qualitativ unterschiedlich von den Atomen. Selbst unser eigener komplexer Körper besteht nur aus Atomen, doch diese verbinden sich zur Erschaffung von höheren Ordnungssystemen wie Zellen und Organen. Spaltung und Differenzierung scheinen stets auch einen Impuls zur Einheit hervorzurufen. Im Sankhya-System können wir diese beiden Kräfte erkennen, die als „Abstoßung“ und „Anziehung“ bezeichnet werden und auf der Ebene von Geist oder

Bewußtsein wirksam sind. Wenn die Kraft der Spaltung zunimmt, erzeugt dies auch einen Drang zur Einheit. Wir leben in Zeiten, wo die Spannung zwischen den Kräften von Anziehung und Abstoßung sehr stark ist. Diese Spannung können wir in uns selbst und zwischen uns und anderen Menschen spüren. Ich stelle mir dies manchmal wie ein Gummiband vor – Gott am einen, der Materialismus am anderen Ende. Wenn man das Gummiband in einer Richtung zieht, nimmt auch die Spannung in der Gegenrichtung zu. Diese Spannung erleben wir heute so akut: Die Versuchungen des Materialismus und des Habenwollens nehmen zu, während gleichzeitig auch die Sehnsucht nach Spiritualität wächst. Unsere Herausforderung besteht darin, diese Spannung in kreativer Weise zu nutzen.

Wir leben heute in einer Welt, wo die kulturellen Kräfte gemeinsam mit dem äußeren Geist oder Ego den Spaltungsprozeß dadurch vergrößern, daß sie ihn als hauptsächliche Antriebskraft in unserem persönlichen, ökonomischen und politischen Leben nutzen. Dies geschieht auf bewußter und unterbewußter Ebene, wird jedoch vor allem von unseren Gedanken und Aktivitäten genährt. Wenn wir uns dessen bewußt werden, können wir durch die energetische Verlagerung vom Ego zum Herzen das Gleichgewicht wiederherstellen. Auch im psycho-sozialen und ökonomischen Bereich gibt es viele Versuche und Bewegungen, die auf die Einheit gerichtet sind. Diese können als Folge aus dem evolutionären Impuls zu höheren Ebenen der Komplexität und Einheit angesehen werden. Eine solche kulturelle Evolution läßt sich zum Beispiel in den positiven Aspekten der Globalisierung erkennen, welche die Einheit des Planeten betont, im Informationsaustausch als Potential des Internet, in den Bemühungen der UNO um Konfliktresolutionen. Alle diese Ansätze, wie gut gemeint sie auch sein mögen, sind oft doch nicht gut genug, weil sie häufig zu weiterer Spaltung führen, bevor es uns gelungen ist, den Vereinigungsprozeß selbst wirklich zu vollenden. Die Globalisierung wird beispielsweise zur Ausbeutung mißbraucht und teilt die Welt in Arm und Reich; das Internet kann auf vielfache Weise schädlich genutzt werden und die UNO als Ausrede für destruktives politisches Handeln.

Dies erklärt sich daraus, daß die Bemühungen häufig nur äußerlich sind und Kernfragen unserer inneren Welt ignorieren. Deshalb werden sie nicht von den innersten Werten des Herzens bestimmt, wie Liebe, Hingabe, Mitgefühl, Enthaftung, und können daher den Werten des

Ego zum Opfer fallen, wie Habgier, Konkurrenzdenken, Macht und Getrenntheit. Yoga und das Sankhya-System betonen die Notwendigkeit eines zentralen Wandels vom Ego zum Herzen, und dies ist in allererster Linie ein Bewußtseinswandel. Die unzulänglichen und mangelhaften Bemühungen, Strukturen der Einheit in der äußeren Welt aufzubauen, scheinen dies zu bestätigen.

Die Yugas

Wir sind felsenfest davon überzeugt, daß wir zivilisiert sind und daß alles, was vor uns kam, mehr oder weniger „primitiv" war und sich allmählich zu unserer gegenwärtigen Stufe der Verfeinerung und Kultiviertheit entwickelt hat. Nachfolgend beschreibt Swami Kriyananda den dauerhaftesten Mythos unserer Kultur und unsere Sicht der Geschichte:

Der neue Mythos lautet, daß der primitive Mensch sich vor einigen hunderttausend Jahren aus dem Affen entwickelte und sich von da an seinen Weg grunzend und keulenschwingend durch die Höhlen und Hinterwälder der sogenannten „Steinzeit" gebahnt hat, um dann etwas unbeholfen vor nur 3000 – 4000 Jahren in der relativ zivilisierten „Bronzezeit" wieder aufzutauchen. Seitdem ist er, zunehmend selbstbewußt, in die moderne Zeit geschritten, wo er nun stolz im vollen Glanz seiner Bulldozer, Traktoren, Wolkenkratzer und sich immer weiter ausbreitenden Umweltverschmutzung steht.

Wenn irgend etwas den göttlichen Sinn für Humor wecken kann, dann muß es zweifellos die Annahme des Menschen sein, die Maßstäbe für Vollkommenheit auf seiner eigenen Stufe von materieller „Leistung" festzulegen. Diese Einstellung dürfte einer Ameise vergleichbar sein, die leichtfertig die Beschreibungen eines Elefanten als „absurde Übertreibungen" abtut.[22]

Nach dem yogischen Modell der Yugas ist vieles von dem, was wir heute entdecken, tatsächlich nur die Wiederentdeckung von Dingen, die früher bekannt waren, und vieles von dem, was wir wiederentdecken, können wir selbst heute noch nicht richtig verstehen.

Von einem unterschiedlichen Blickwinkel aus behauptet Thom Hartmann in seinem leidenschaftlichen Plädoyer für ökologische

Gesundheit, daß „wir von den jüngeren Kulturen" vergessen haben, wie wir in Harmonie mit uns selbst, miteinander und unseren Mitgeschöpfen sein können. Er beschreibt „ältere Kulturen", von denen einige immer noch in Stämmen wie den Shoshone-Indianern, den !Kung oder den Hottentoten existieren. Es stellt sich heraus, daß diese älteren Kulturen, die alles andere als primitiv sind, in ihren Sprachen oft nicht einmal ein Wort für „Krieg" haben, in der Regel nicht mehr als zwei bis vier Stunden pro Tag für ihren Lebensunterhalt arbeiten und gewöhnlich ziemlich schockiert sind, wenn sie zuerst mit der selbstsüchtigen Aggressivität unserer Kultur in Berührung kommen, die wir als normal betrachten. Trennung, Zersplitterung und „das Zerbrechen der vertrauten Verbindung mit der uns umgebenden Welt ... [waren] in den ersten 100 000 oder mehr Jahren der menschlichen Geschichte weitgehend unbekannt".[23] Dieses Getrenntsein begann mit dem Auftauchen der ersten „Zivilisationen" vor 7000 Jahren. Die Menschheit führte Herrschaftsgesellschaften ein, in denen Aggression, Grausamkeit und Unterwerfung zur Norm für unsere Beziehungen wurden. Die Yugas bieten eine interessante evolutionäre und spirituelle Erklärung für das, was als eine relativ plötzliche Veränderung zum Schlechteren in unserem Bewußtsein und unseren sozialen Strukturen erscheint.

Die Sankhya-Philosophie betont die Notwendigkeit für ein Gleichgewicht zwischen äußerem und innerem Geist, zwischen den Kräften der Anziehung und Abstoßung, zwischen dem Ego und der Seele. Sie zeigt auch auf, daß die potentielle Möglichkeit eines Ungleichgewichts Teil unserer psycho-spirituellen Verfassung und unserer evolutionären Herausforderung in der Welt von Maya ist. Ungleichgewicht tritt dann auf, wenn das Ego nicht mehr von der Seele gehalten wird, was bedeutet, daß sich das Ego (manchmal auch als „Pseudo-Seele" bezeichnet) dann selbst mit den Hüllen von Stärke und Allmacht herausputzt, die eigentlich zur Seele gehören. Warum aber hat dieser Prozeß des wachsenden Ungleichgewichts, der Abstoßung und Selbstüberhebung vor 7000 Jahren seinen Anfang genommen?

In seinem Buch *Die Heilige Wssenschaft*[24] bespricht Swami Yukteswar, Yoganandas Guru, die Yugas in Verbindung mit Sankhya. Bei den Yugas handelt es sich um sehr lange Lebenszyklen des menschlichen Bewußtseins auf unserem Planeten. Danach bewegt sich dieser durch vier verschiedene Entwicklungsstadien, von denen jedes in auf- und absteigenden Zyklen 1200, 2400, 3600 und 4800 Jahre andauert. Ein kompletter Zyklus besteht aus 12000 aufsteigenden und 12000 absteigenden Jahren, also insgesamt 24000 Jahren. Dies wird durch die angenommene elliptische Umlaufbahn der Sonne um einen Doppelstern verursacht, wobei sich beide um das Zentrum unserer Milchstraße, den Sitz der schöpferischen Kraft von Brahma, bewegen. Unser Sonnensystem bewegt sich damit zwischen Punkten, die dem Zentrum der spirituellen Energie nah oder fern sind, wodurch Veränderungen in der „geistigen Tugend der inneren Welt" hervorgerufen werden, wie Yukteswar es nennt.

Nach dieser Kosmologie hat unsere letzte Bewegung vom Zentrum fort vor 11500 Jahren begonnen. Damit hat die absteigende Hälfte des Zyklus angefangen, was dazu führte, daß unsere intellektuellen und spirituellen Fähigkeiten allmählich abnahmen. Vor 7000 Jahren, als unsere Loslösung von höheren Werten mit der Entwicklung von Eroberer- und Herrscherkulturen anfing, war unser Bewußtsein schon lange auf dem Weg in das dunkle Zeitalter des Kali-Yuga. Mit zunehmender Entfernung von dem galaktischen Zentrum wurde die Kraft der Abstoßung viel stärker als die Anziehung, und das Ego konnte sich aus der Umarmung der Seele losreißen.

Die Yugas können auch historische Ereignisse seit damals und unsere gegenwärtige Situation erhellen. Wir befanden uns im dunkelsten Kali-Yuga, das insgesamt 1200 Jahre dauerte, um 500 n. Chr., was historisch unserem frühen Mittelalter entspricht, und wir haben uns erst um 1700 aus dem Kali-Yuga ins Dvapara-Yuga bewegt, der nächsten Stufe im aufsteigenden Zyklus. Wir beginnen mit den feineren Kräften der Natur wie Elektrizität und anderen Energien zu arbeiten, die im dunklen Zeitalter des Kali-Yuga unbekannt waren. Unsere Psyche und unser Bewußtsein stehen jedoch noch stark unter dem Einfluß des Kali-Yuga, aus dem wir gerade erst herausgetreten sind. Deshalb existieren Selbstsucht, Zerstörung und Habgier gleichzeitig mit zunehmender Erkenntnis und Sensibilität. Wir beginnen jedoch auch damit, die Weisheit wiederzuentdecken, die uns das letzte Goldene Zeitalter des Satya-Yuga vor 14400 bis 10500 Jahren hinterlassen hat. Auch Yoga soll in diesem Goldenen Zeitalter entstanden sein.

Die Yugas erklären die Widersprüche in unserer Kultur und unsere geistige Blindheit. Die Spannungen zwischen Ahamkara und Chitta, Manas und Buddhi, die wir heute so akut erleben, sind die

Spannungen zwischen zwei unterschiedlichen Wertsystemen, die aus verschiedenen Yugas stammen. Das Potential für diese Konflikte ist durch den Prozeß der Ich-Erschaffung vorgegeben. Dies hat jedoch eine extreme Stufe erreicht, wo Spiritualität und das Bewußtsein von Einheit keine nette Option für Selbstentwicklung mehr darstellen, sondern zu einer Notwendigkeit für die globale Evolution werden. Wir scheinen eine Stufe in unserer Entwicklungsgeschichte erreicht zu haben, wo wir über Manas hinausgehen müssen zu Buddhi, um uns selbst als kleine Seelen-Wellen zu erfahren, die wieder eins mit dem großen Ozean des Geistes werden möchten.

Wir können unschwer erkennen, welcher Zusammenhang zwischen den Yugas und den Gunas besteht. Im Kali-Yuga ist offensichtlich Tamas vorherrschend, im Dvapara- und Treta-Yuga Rajas und im Satya-Yuga Sattva. Im Dvapara-Yuga, unserem gegenwärtigen Zeitalter, wird tamasisches Rajas noch überwiegen, während im Treta-Yuga, das in etwa 2000 Jahren beginnt, sattvisches Rajas mehr dominieren und sich zu Sattva entwickeln wird. Das Überwiegen von Rajas in unserer gegenwärtigen Zeit bietet eine günstige Gelegenheit für uns, denn wie wir bereits gehört haben, hat die Energie von Rajas das Potential, sich entweder aufwärts zu Sattva oder abwärts zu Tamas zu entwickeln. Auch wenn die tamasische Energie aus dem Kali-Yuga noch stark ist und unsere rajasische Energie zu dominieren versucht, bedeutet Rajas auch, daß wir zumindest die Wahl haben, uns entweder nach oben oder nach unten auszurichten. Mit anderen Worten, unsere Überaktivität wird zwar noch von Selbstsucht, Habgier und Destruktivität bestimmt, aber wir können allmählich auch deutlicher erkennen, wie wir unsere Aktivität auf effektive Weise für unsere höheren Werte und Ziele einsetzen könnten, die mit dem Überbewußtsein in Verbindung stehen.

Bevor wir angemessene äußere Strukturen, Systeme und Institutionen entwickeln können, müssen wir daher die Ebene des Geistes klären oder zumindest versuchen, beides gleichzeitig anzugehen. Dafür sind Modelle des Geistes und unserer Welt wichtig, denn wir müssen die Art und Weise verändern, wie wir die Dinge sehen und begreifen, um die Motivation entwickeln zu können, uns auf die spirituelle Meditationspraxis einzulassen.

Sich wieder mit der Umwelt verbinden

In diesem Kapitel haben wir untersucht, wie sehr wir von der Erde, anderem Leben, aber auch von unserem höheren Selbst und letztlich von Gott getrennt sind. Eine Folge davon ist, daß wir völlig aus dem Gleichgewicht geraten sind. Meditation ist eine der wichtigsten Hilfen für uns, um dieses Gleichgewicht wiederherzustellen. Es folgen zwei Übungen, die dich bei dem Prozeß unterstützen werden, die Trennung aufzuheben und dich wieder zu verbinden. Die erste schickt dich auf die Suche nach dem Ort in deinem Inneren, von wo aus du die Präsenz allen Lebens spüren kannst. Die zweite wendet sich direkt an diesen Ort und läßt dich dein Einssein mit der Erde erfahren.

1. Die Kommunikation mit dem Leben

Diese Übung wird von Thom Hartmann empfohlen. Ich mag ihre Einfachheit und die Aufforderung, einen Ort in seinem Inneren zu finden, denn dies legt nahe, daß es diesen Ort gibt. Du mußt ihn nur wiederfinden.

Gehe nach draußen in die Natur und versuche, mit den Pflanzen und Tieren um dich herum zu kommunizieren – sie zu spüren und zu ihnen zu sprechen. Finde in dir den Ort, wo du die Präsenz des Lebens fühlst und von wo aus dir anderes Leben, alles Leben zugänglich ist. Von diesem Ort aus, wo du alles Leben als heilig siehst, kannst du damit beginnen, dir Gedanken über andere Dinge zu machen, die du tun kannst, um eine tragbare Zukunft mitzugestalten.[25]

2. Deine innere Welt

Diese wunderbare Meditation stammt von Swami Kriyananda aus Ananda. Sie ermöglicht es dir, dein Einssein mit der gesamten Schöpfung intensiv zu empfinden.

Setze dich aufrecht hin, halte deine Wirbelsäule gerade und entspanne dich. Um dich völlig zu entspannen, atme zuerst tief ein und spanne den ganzen Körper an. Atme als nächstes kraftvoll aus und entspanne dich. Wiederhole diese Übung zwei- oder dreimal.

Halte deinen Körper nun ganz ruhig und stelle dir deine Haut als die äußere Kruste unseres Planeten Erde vor. Innerhalb von dieser Kruste ist alles enthalten. Die Flüsse der Erde sind das Blut, das durch deine Adern strömt. Die Meere mit ihren mächtigen Gezeiten sind deine Lungen. Die großen und kleinen Wälder sind die Haare auf deinem Kopf und auf der Haut deines Körpers. Die Ebenen sind die weiten Flächen deines Rückens und Bauches. Die sanfte Empfänglichkeit der Täler drückt sich in deinen nach oben gewendeten Handflächen aus. Die Hügel und Berge sind deine Schultern und dein Schädel. Der Wind, der über die Erde weht, ist dein Atem. Gottes Liebe für die ganze Welt strahlt wie ein Licht aus deinem Herzen hervor.

Sende Liebe nach außen als Segen für die ganze Menschheit, für alle Geschöpfe, für alle Dinge, bewegliche und unbewegliche, überall.[26]

Das folgende Kapitel enthält eine Reihe von praktischen Übungen und Meditationen, die dich darin unterstützen werden, dem Weg zum Licht des höheren Selbst zu folgen.

Kapitel 4

Reflexionen und praktische Meditationen

Allgemeine Einführung zu den Reflexionen und Meditationen

Dieses Kapitel wird dir dabei helfen, durch Reflexion und Meditation mehr Raum in deinem inneren psychologischen Treibhaus zu schaffen. Alle Reflexionen in diesem Buch sollen das vertiefen und dir persönlich nutzbar machen, was du bisher gelesen hast. Dabei bleibt es ganz dir überlassen, ob du diese Betrachtungen und Übungen ausführst oder nicht. Vielleicht möchtest du ja im Augenblick nur das Buch durchlesen und später auf die Reflexionen und Meditationsübungen zurückkommen. Oder du willst sie als Gruppenübungen machen, wie ich es selbst in meinen Kursen tue. Die Reflexionen und Meditationsübungen sind dein persönlicher Raum – nutze ihn klug und in einer für dich geeigneten Weise.

Wenn es dir jedoch ernst damit ist, deinem Leben eine spirituellere Richtung zu geben, wirst du etwas dafür tun müssen. Zu Spiritualität und Meditation gehört mehr, als bloß mit geschlossenen Augen dazusitzen. Du mußt dir die Zeit dafür nehmen und auch versuchen, dich weniger reaktiv und gewohnheitsmäßig zu verhalten. Gleichzeitig ist es wichtig, keine Schuldgefühle zu haben, wenn du feststellst, daß du dich nur wenig oder überhaupt nicht darum bemühst. Anhaltendes Schuldbewußtsein kann zu den destruktivsten und erdrückendsten Emotionen gehören. Schuldgefühle sind nur ein Hinweis darauf, daß es eine Diskrepanz zwischen unseren Handlungen und unseren Gedanken gibt. Wenn sie auftreten, brauchen wir nichts anderes tun, als diese Schuldgefühle zu erforschen, ihnen nachspüren und darüber nachdenken, mit welchen kleinen Schritten wir die Diskrepanz verringern können. Solche inneren Widersprüche können wir nur nacheinander und ganz allmählich abbauen. Schuldgefühle können uns daran hindern, weil sie sich auf die Tatsache konzentrieren, daß es immer noch Widersprüche gibt, und weil sie unseren Willen lähmen. Dies kann eine Methode sein, mit der sich das Ego wehrt, um verlorenes Terrain zurückzugewinnen. Fühlen wir uns schuldig, sehen wir das Glas halb leer – doch wir können es genauso halb voll sehen. Ein Heiliger ist ein Sünder, der nie aufgegeben hat.

Bei allen Reflexionen und Übungen handelt es sich um Meditationen. Sie sollen dir dabei helfen, es dir zur Gewohnheit werden zu lassen, regelmäßig zu meditieren. Meditation hat damit zu tun, den Geist zu klären oder über unser Denken hinauszugehen. Die Reflexionen werden dich allmählich zu diesem Punkt hinführen, wobei sie zuerst dein Denken in einer für dich nicht gewohnten Weise einbeziehen. Später wirst du die MindBalancing-Meditation erlernen, die du als regelmäßige Praxis für deine Reise zum inneren Selbst nutzen kannst. Es wird von Vorteil sein, wenn du bereits für die Reflexionen eine meditative Körperhaltung einnimmst.

Du kannst die Reflexionen und Übungen entweder im Sitzen oder im Liegen ausführen. Meditation wird gewöhnlich in einer sitzenden Haltung praktiziert, weil die Lebensenergie dadurch zwischen Himmel und Erde, deine Wirbelsäule hinauf- und herabfließen kann. Wenn es dir schwerfällt oder sogar schmerzhaft ist, längere Zeit aufrecht zu sitzen, ist die Entscheidung richtig, im Liegen zu meditieren.

Die ideale Haltung im Sitzen

Bei der besten und gewöhnlich auch bequemsten Haltung für Entspannung und Meditation sitzt du aufrecht auf einem Stuhl und hältst deinen Rücken und deinen Kopf ohne Anspannung so gerade wie möglich. Ziehe deine Schultern leicht nach hinten zurück und schiebe deine Brust ein wenig vor. Hebe dein Kinn etwas an. Lege deine Hände in den Schoß, wobei die Handflächen entweder nach oben weisen oder eine Hand gewölbt in der anderen liegt. Deine Beine sind nicht gekreuzt; achte darauf, daß deine Füße den Boden berühren. Vor allem darf diese Haltung weder Spannung noch Schmerz hervorrufen. Wenn du hängende Schultern hast, kannst du zuerst die ideale Haltung einnehmen und dich dann in deine übliche Haltung zurücksinken lassen: Irgendwo dazwischen wirst du die für dich richtige Position finden. Eine ideale Vorbereitung für eine gute Meditationshaltung sind Dehn- und Bewegungsübungen des Yoga.

Die ideale Haltung im Liegen

Lege dich auf den Rücken und schiebe ein kleines Kissen oder Polster unter deinen Kopf, damit dein Nacken so gerade wie möglich bleibt. Deine Arme liegen an den Seiten deines Körpers, wobei die Handflächen am besten nach oben weisen. Deine Beine liegen nebeneinander, die Füße sind leicht nach außen gedreht. Achte darauf, daß die Lage für dich bequem ist. Wenn du Schmerzen im unteren Rückenbereich hast, könnte es dir helfen, dir ein Kissen unter die Knie zu schieben. Benutze eine Decke, wenn du dich sonst nicht warm halten kannst.

Weitere Vorbereitungen

Am besten hältst du die Augen bei jeder Übung geschlossen. Wenn dir das schwerfällt, wirst du vielleicht mit halbgeschlossenen Augen anfangen wollen.

Während der Übung können dir alle möglichen zusammenhanglosen Gedanken in den Sinn kommen. Kämpfe nicht dagegen an oder ärgere dich über dich selbst. Nimm sie einfach zur Kenntnis und laß sie vorbeiziehen.

Die Arbeit mit dem Atem als Weg zum höheren Selbst

Meditation und Atemarbeit ermöglichen es, uns zu lösen und die Verbindung zu unserem höheren Selbst herzustellen. Wir ziehen die Lebensenergie von den Sinnen zurück, die an der Vielfalt von Sinnesobjekten haften, welche uns im Treibhaus gefangenhalten. Anstatt jedoch die Mauern der Objekte und Wünsche zu durchbrechen, ziehen wir uns in unser eigenes inneres Zentrum zurück und lenken dann die Energie die Wirbelsäule hoch. Die Bewegung nach innen und oben führt in eine andere Dimension, zur Ebene des höheren Selbst.

Wir können diesen Prozeß auch so sehen, daß er das höhere Selbst nach unten und in uns hineinbringt – so wie das Sonnenlicht auf uns scheint und jede Zelle unseres Körpers durchdringt. In gewisser Hinsicht läßt sich unsere Beziehung zum höheren Selbst mit unserer Beziehung zur Sonne vergleichen. Der hl. Franz von Assisi bringt dies in seinem „Sonnengesang" auf wunderschöne Weise zum Ausdruck:

Gelobet seist Du, mein Herr,
mit allen Deinen Geschöpfen,
Besonders mein großer Bruder Sonn,
welcher der Tag ist und uns erhellt durch sich selbst.
Und schön ist er und strahlend mit großem Glanz;
Von Dir, Höchster, trägt er das Sinnbild.[27]

Unser höheres Selbst ist unsere direkte Brücke zum göttlichen Geist, weil es unser innerster Wesenskern, unsere Seele, ist. Es kann so weit entfernt wie die Sonne erscheinen, doch immer werden wir von seinen Strahlen berührt. Wie die Sonne ist es auch unser Bruder, aus der gleichen Energie und Materie, in Wirklichkeit ganz nah, in unserem Herzen.

Im Yoga und Ayurveda wird der Prozeß, Energie aus den Sinnen zurückzuziehen, als *Pratyahara* bezeichnet. *Pranayama* bedeutet dagegen, die Lebenskraft zu beherrschen. Pranayama ist eng damit verbunden, die Atmung zu verlangsamen und auszuweiten. Dadurch wird dann die geistige Aktivität verlangsamt und die Meditation erleichtert.

Die folgenden grundlegenden meditativen Atemübungen werden deine Atmung verlangsamen und einen Zustand der Entspannung herbeiführen. Das MindBalancing-Meditationsprogramm wird diese Atemübungen später dann integrieren und weiterentwickeln.

Atemübungen

Führe diese Übungen in der Meditationshaltung durch, die weiter oben unter „ideale Haltung im Sitzen“ beschrieben worden ist. Vor den Atemübungen solltest du deinen Körper nach Möglichkeit entspannen. Während des Sitzens kannst du beispielsweise tief einatmen, den Atem anhalten und deinen ganzen Körper anspannen. Dann atmest du aus und läßt dabei die Spannung los. Wenn du dies zwei- oder dreimal wiederholst, wirst du dich viel besser auf deinen Atem konzentrieren können.

1. Konzentriere dich auf deine Atmung und zähle beim Einatmen bis 7, halte den Atem an und zähle bis 3, zähle wieder bis 7, während du ausatmest, halte den Atem an und zähle dabei bis 3 usw. Wiederhole dies einige Minuten lang.

2. Konzentriere dich auf deine Atmung und zähle beim Einatmen bis 9, halte den Atem einmal an, zähle beim Ausatmen bis 9, halte den Atem wieder einmal an usw. Wiederhole dies einige Minuten lang.

3. Zähle beim Atmen bis 100 oder auch weniger, wenn dir dies zu lange erscheint. 1 beim Einatmen, 2 beim Ausatmen, 3 beim Einatmen usw. Wenn du 100 Atemzüge erreicht hast, solltest du dich entspannt fühlen.

4. *Dreiecksatmung:* Zähle beim Einatmen bis 8 (oder 6 oder 10, wie es dir angenehm ist), halte den Atem ebenso lange an und zähle auch beim Ausatmen bis 8 (6 oder 10). Wiederhole dies sechsmal.

Alle diese Atemübungen haben das Ziel, deine Atmung zu verlangsamen, denn wenn du deinen Atem beruhigst, bringst du auch deinen Geist zur Ruhe. Wenn du spürst, daß sich deine Atmung verlangsamt hat, versuche sie einfach zu beobachten. Wenn du deine Aufmerksamkeit auf deine Atmung konzentrierst, ziehst du Energie von den äußeren Sinnen zurück und gehst nach innen.

Du wirst vielleicht feststellen, daß in deinem Geist alle möglichen Gedanken auftauchen, um deine Aufmerksamkeit während dieser Übung abzulenken. Das ist ganz normal. Laß jegliche Gedanken einfach durch dich hindurchfließen, ohne ihnen allzuviel Beachtung zu schenken.

Achtsamkeit auf den Atem

Achtsamkeit ist eine Meditationspraxis aus der buddhistischen Tradition, die im Westen durch verschiedene buddhistische Schulen populär geworden ist und inzwischen auch in einige psychologische Therapien einbezogen wird. Ähnliche Praktiken existieren jedoch ebenfalls in der Tradition des Yoga. Man kann sie als Konzentrationsübungen betrachten, weil ihr Ziel darin besteht, den Geist (oder die Aufmerksamkeit) auf nur ein einziges Objekt zu konzentrieren. Gewöhnlich erleben wir den Geist wie einen Affen, der von einem Ding zum nächsten springt, und oft sind wir uns nicht einmal der Sprünge bewußt. Wir können Konzentration dadurch lernen, daß wir unsere Aufmerksamkeit auf die Atmung richten. Der Atem bietet sich selbst als solch ein Fokus an, da wir die ganze Zeit über atmen, solange wir leben. Der Atem ist rhythmisch, und wir können ihn bis zu einem gewissen Grade verändern. Wie wir bereits gesehen haben, können bestimmte Atemtechniken auch tiefe Entspannungszustände herbeiführen. Im Yoga ist der Atem eng mit dem Geist und mit Prana, der Lebenskraft, verbunden. Pranayama, die Beherrschung der Lebenskraft, wird oft mit Atemübungen gleichgesetzt, doch das ist nicht ganz zutreffend; es bedeutet vielmehr, daß unsere Atmung ein nützliches Werkzeug darstellt, um mit dem Geist und der Lebenskraft in Verbindung zu treten.

Es folgt nun eine Anleitung für die Achtsamkeitsübung mit dem Atem.

Setze dich in einer bequemen Meditationshaltung hin; dein Körper ist entspannt, und deine Augen sind geschlossen. Du kannst die Augen auch halb geöffnet halten; schaue aber nicht umher, sondern laß deinen nach unten gerichteten Blick nicht mehr als einen Meter vor dir ruhen. Führe die oben beschriebene Dreiecksatmung oder eine der anderen Atemübungen durch, um deinen Atem und deinen Geist zur Ruhe zu bringen. Atme dann tief ein, halte den Atem zwischen fünf bis zehn Sekunden an und spanne dabei deinen ganzen Körper an. Atme dann aus und entspanne dich. Wiederhole dies dreimal.

Atme dann tief ein und gleich wieder aus. Warte nun auf die nächste Einatmung. Forciere sie nicht, laß sie einfach geschehen. Folge mit deiner Aufmerksamkeit (die du dir im Dritten Auge lokalisiert vorstellst) den Wellen deines Atems. Laß deine Atmung einfach von selbst geschehen, und folge mit deiner Aufmerksamkeit und Konzentration der vollen Länge des Einatmens und der vollen Länge des Ausatmens. Werde zu einem fokussierten Beobachter deiner Atmung. Wenn du feststellst, daß deine Aufmerksamkeit abschweift, beispielsweise zu Gedanken, Emotionen oder körperlichen Wahrnehmungen, dann stelle dies einfach fest und lenke deine Aufmerksamkeit sanft auf deinen Atem zurück. Führe diese Übung fünf bis zehn Minuten durch.

Dein psychologisches Treibhaus erforschen

Mit dieser Reflexion möchte ich dich gerne dein eigenes psychologisches Treibhaus erforschen lassen. Die Übung besteht aus mehreren Teilen. In unseren Kursen führen wir sie als Gruppenübung durch und tauschen uns dann über unsere Erfahrungen und Gefühle aus.

Reflexion über höhere Werte

Weiter unten findest du eine Liste von sogenannten „höheren Werten". Denke über diese nach und entscheide, wie sehr jeder dieser Werte für dich mit materiellen Dingen verbunden ist. In die rechte Spalte kannst du die materiellen Dinge hineinschreiben, die für dich damit verknüpft sind. Stelle dir dabei die folgenden Fragen: Wie sehr ist mein Reichtumsbewußtsein mit meinem Einkommen verbunden? Wie sehr ist mein Freiheitsgefühl mit dem Auto verbunden, das ich besitze, und mit dem Urlaub, den ich mir leisten kann? In welchem Maße gebe oder bekomme ich Liebe in Form von materiellen Gütern?

Du wirst vielleicht feststellen, daß eine ganze Reihe von höheren Werten für dich mit nur ein paar Objekten oder Aktivitäten eng verknüpft sind. Dies könnte womöglich bedeuten, daß du dich sehr davor fürchtest, auf diese Objekte oder Aktivitäten verzichten zu müssen, weil du glaubst, dies würde gleichbedeutend damit sein, die Freiheit, Freude, Liebe, Heiterkeit und Schönheit in deinem Leben zu verlieren.

Verwende einige Augenblicke darauf, über dein eigenes psychologisches Treibhaus nachzudenken. Wie fühlst du dich inmitten davon? Stelle dir vor, wie es wäre, wenn all jene höheren Werte unabhängig von Objekten und Aktivitäten zu deinem Leben gehörten. Kannst du dir das überhaupt vorstellen? Was würdest du wirklich gerne tun oder besitzen, ohne auf diese höheren Werte zu verzichten?

Höhere Werte	*Materielle Dinge/Aktivitäten*
das Gefühl von Fülle, Integration, Ganzheit	
das Gefühl von Vollkommenheit, Vollendung,	
Vitalität und Lebensintensität	
das Gefühl von Reichtum	
das Gefühl von Einfachheit	
das Gefühl von Schönheit	
das Bewußtsein des Guten	
fehlende Anstrengung	
Spontaneität	
Freude	
Heiterkeit	
Humor	
das Gefühl von Wahrhaftigkeit	
das Gefühl von Unabhängigkeit	
und innerer Freiheit	

In unseren Gruppendiskussionen stellen wir häufig große Unterschiede zwischen den einzelnen Personen dabei fest, wie sehr diese höheren Werte mit bestimmten Dingen oder Aktivitäten verknüpft sind. Vielleicht könntest du ja einfach mal darüber nachdenken, wie du dich von dieser Abhängigkeit lösen könntest, und die Erkenntnis, daß es anderen Menschen gelungen ist, weniger abhängig von äußeren Dingen zu werden, um sich glücklich zu fühlen, mag dir dabei helfen. Tatsächlich gibt es heute weltweit eine Bewegung, wo Menschen feststellen, daß ein einfaches Leben sehr lohnenswert und befreiend sein kann. Vergiß nicht, daß es nur eine Gewohnheit ist, an sinnlosen Dingen und Tätigkeiten festzuhalten. Du kannst deine Gewohnheiten genauso verändern, wie es andere bereits getan haben.

Deine Ziele und Ambitionen

Versuche nun, dir mehr innere Klarheit über deine Ziele und Ambitionen zu verschaffen. Wie du bereits gehört hast, besteht das Ziel der Meditation in der Wiedervereinigung mit Gott. Viele unserer materialistischen Ziele und Ambitionen stehen jedoch im Widerspruch zu dem spirituellen Ziel unserer Seele und halten uns im Treibhaus gefangen. Auf die sich anschließende Reflexion folgt eine Atemübung, die dazu beitragen wird, den Energiefluß in deinem Körper zu klären und dich zu zentrieren. Wenn wir die eigene Mitte finden, zieht das unsere Energie von der Anhaftung an äußere materielle Dinge zurück und ermöglicht es, uns auf das zu konzentrieren, was wirklich wichtig ist.

Bringe zuerst deinen Atem mit Hilfe von einer der oben beschriebenen Atemübungen zur Ruhe. Denke dann über deine Ziele und Ambitionen – für den jeweiligen Tag, die Woche, Monate oder auch Jahre – nach. Konzentriere dich dabei auf diejenigen, die im Augenblick relevant für dich sind. Laß Worte, Bilder, Gedanken und Emotionen über diese Ziele und Ambitionen in deinem Geist aufscheinen. Urteile nicht, beobachte nur.

Stelle dir dann selbst die Frage, welche dieser Ziele und Ambitionen aus Angst und Unsicherheit oder als Ablenkungen von Angst oder anderen unangenehmen Gefühlen existieren – und welche von ihnen mit deinem höheren Streben zu tun haben.

Vielleicht kannst du nicht zwischen beiden unterscheiden oder alles ist miteinander vermischt. Belasse dies einfach so, wie es ist, und beobachte es.

Nimm nun die Erfahrung aus dieser Übung, ob es sich nun um klare Einsichten oder eher etwas Verworrenes handelt, mit hinein in die nächste Übung.

Himmel und Erde miteinander verbinden

Führe diese Übung im Stehen aus.

Stelle dir vor, daß du mit bloßen Füßen auf einer Wiese stehst (wenn irgend möglich, tue das in Wirklichkeit). Spüre das Gras und die Erde unter deinen Füßen, spüre, wie dir die Sonne auf den Kopf scheint. Fühle dich sehr stark, fest und sicher, wie du da auf der Erde stehst. Spüre, wie die Energie der Erde dich hält. Spüre, daß es in der Erde dieselben Elemente gibt, aus denen auch dein Körper besteht. Laß dich von dieser Energie der Erde nähren und sicher und geschützt halten. Fühle dann, wie die Energie der Sonne und des Himmels von oben durch deinen Kopf in dich hineinfließt. Fühle, wie die feinen Wärme- und Lichtstrahlen durch den Kopf in deinen Körper eintreten und ihn ganz durchdringen. Laß dich von dieser Energie kräftigen und beleben. Spüre, wie die beiden Energien von unten und oben sich in deinem Bauch treffen.

Konzentriere dich dann auf deine Atmung. Ziehe beim Einatmen die Energie aus der Erde durch die Füße nach oben und halte deinen Atem einen kurzen Moment an. Laß beim Ausatmen die Energie der Sonne und des Himmels von deinem Kopf nach unten sinken und halte den Atem wieder einen kurzen Moment an. Laß diese beiden Energiebewegungen dann mit deinem Atem durch deinen ganzen Körper strömen.

Stelle dir vor, daß dieser Energiestrom an deiner Wirbelsäule entlang auf- und abwärts fließt. Laß diesen Energiestrom fließen und dabei jegliche Blockaden in deinem Körper öffnen. Spüre auch, wie sich durch diese Energie dein Herz öffnet. Laß den Auf- und Abwärtsstrom dieser Energie in deiner Herzgegend kreisen. Und laß dein Herz einen Augenblick lang für die höheren Werte empfänglich sein.

Aus der Erfahrung lernen

Aus der Übungspraxis in diesem Kapitel wirst du vielleicht verschiedenes gelernt haben. Die Übungen enthalten viele psychologische Yogatechniken, die von der Arbeit mit Vorstellungsbildern bis zu Pranayama reichen. Wir werden hier die möglichen Lernerfahrungen aus den Reflexionen und Meditationen aufführen, die du zum Vergleich heranziehen kannst. Benütze diese Checkliste aber mit der nötigen Vorsicht, denn unterschiedliche Menschen lernen auf unterschiedliche Weise. Wenn wir diese Übungen in unseren MindBalancing-Gruppen durchführen, bin ich immer wieder über die Fülle und den Reichtum an Erfahrungen erstaunt, aus denen so viele verschiedene Bilder, Gedanken und körperliche Wahrnehmungen hervorgehen. Diese Erfahrungen verarbeiten wir dann in unseren Gruppen, so daß jeder Teilnehmer ein Lernergebnis hat. Natürlich lernen die Personen, die an der Gruppe teilnehmen, auch gegenseitig voneinander.

1. Die Atemübungen

Diese Übungen sollen dir dabei helfen, deine Atmung zu verlangsamen, was ein wichtiger Bestandteil der Meditation ist. Wenn die Atmung zur Ruhe gebracht wird, dann kommt auch der Geist zur Ruhe. Benutze die eine oder andere Atemübung als Ausgangspunkt für deine Meditation. Wenn du diese Übungen praktizierst, wirst du möglicherweise feststellen, wie geschäftig dein Geist in Wirklichkeit ist und wie schwierig es sein kann, ihn zur Ruhe zu bringen. Mache dir darüber keine unnötigen Gedanken, das fällt uns allen schwer. Du kannst schon zufrieden sein, wenn es dir gelingt, kurze Momente von innerem Frieden zu erleben. Diese kurzen Momente werden eine heilsame Wirkung auf Körper und Geist haben und mit regelmäßiger Praxis länger werden.

2. Achtsamkeit auf den Atem

Vielleicht ist es dir schwergefallen, deine Aufmerksamkeit auf die Atmung gerichtet zu halten. Mache dir auch darüber keine Gedanken. Es ist wichtiger, daß du bemerkst, wohin deine Aufmerksamkeit geht und wo sie sich zu jedem beliebigen Zeitpunkt befindet. Die Achtsamkeitsübung will dich lehren, deine Aufmerksamkeit zu beherrschen und zu lenken. Letztlich führt sie zu tiefer Konzentration. Die meiste Zeit über wird unsere Aufmerksamkeit zu allem hingezogen, was sich am stärksten in den Vordergrund drängt – ob es sich nun um Sinneswahrnehmungen, Gedanken, Emotionen oder Erinnerungen handelt. Das heißt, unsere Energie wird eher gezogen als gelenkt. Achtsamkeit und andere konzentrationsartige Meditationsübungen werden dir beibringen, wie du zum Lenker deiner Energie werden kannst, anstatt ein Opfer des Sinnesgeistes zu bleiben. Das bedeutet auch, daß du dir darüber bewußt wirst, einen solchen inneren Lenker zu besitzen. Dieser Teil von dir ist dein Ich, dein Zentrum reinen Selbst-Gewahrseins. Zuallererst mußt du dir aber der Bewegung deiner Aufmerksamkeit bewußt werden und lernen, sie objektiv zu beobachten.

3. Deine höheren Werte

Hier kannst du darüber nachdenken, wie weit du zu einem Opfer der Welt des Konsums und des Habenwollens – des psychologischen Treibhauses – geworden bist. Sei ehrlich mit dir und überprüfe auch, ob du dir vorstellen kannst, irgendeinen der aufgezählten Werte ohne andere Menschen, Dinge oder bestimmte Situationen haben oder erleben zu können. Im wesentlichen sind diese höheren Werte genau zwischen dir und Gott – das ist die Prämisse und das Versprechen der Meditation.

4. Deine Ziele und Ambitionen

Viele deiner Ziele und Ambitionen sind mit Angst und Unsicherheit verbunden oder dienen als Ablenkungen von der Angst oder anderen unangenehmen Gefühlen. Wir verschwenden so viel Zeit und Energie in dem Bemühen, uns vor den tiefen und dunklen Ängsten des niederen Unbewußten zu schützen *(siehe Kapitel 2 – Das psychologische Treibhaus)*, daß wir einfach keine Zeit mehr dafür zu haben scheinen, unserer höheren Berufung zu folgen. Dies kann zu ziemlicher Verwirrung führen, weil viele der höheren Ziele und Ambitionen in materiellen Dingen unserer Treibhauswelt zu liegen scheinen. In dem Wunsch nach einem abgeschiedenen Haus auf dem Land könnte sich somit unsere Sehnsucht nach Frieden und Einsamkeit widerspiegeln, doch der Versuch, es zu erwerben, kann leicht ins Gegenteil umschlagen. Zum Beispiel arbeiten viele Leute äußerst hart, um sich ein Haus in schöner Umgebung auf dem Land leisten zu können, doch dann müssen sie weiter viel Geld verdienen und gewöhnlich jeden Tag als Pendler in die Stadt zur Arbeit fahren. Als Folge davon sehen sie ihr wunderschönes Landhaus während der Woche nie bei Tageslicht und sind am Wochenende zu erschöpft, um sich wirklich daran erfreuen zu können.

Es scheint in unserer Kultur ziemlich „normal" zu sein, von Angst motiviert zu werden, doch spirituell gesehen ist es ausgesprochen anomal und eine Zeitverschwendung. Angst setzt voraus, daß ein angstfreier Zustand der Gewißheit und Sicherheit erreicht werden kann, wenn von diesem oder jenem nur genügend vorhanden ist. Dies ist jedoch eine Illusion, weil absolute Gewißheit und Sicherheit Qualitäten der Seele sind. Während Angst lebensverneinend ist, gehören Furchtlosigkeit und Mut zu den wichtigsten spirituellen Eigenschaften. Die meisten psychischen Probleme sind auf irgendeine Weise mit Angst verbunden. Angst hält auch unsere Treibhauswelt des Habenwollens in Gang. Stelle dir bloß einen Augenblick lang vor, wie dein Leben beschaffen wäre, wenn du einfach „Nein" zur Angst sagen könntest.

5. Himmel und Erde miteinander verbinden

In der Treibhauswelt sind wir von Himmel und Erde getrennt – ohne Gotteserfahrung und ungeerdet. Wir werden nicht von den natürlichen und spirituellen Kräften gehalten, die uns umgeben und durchdringen. Wir haben Blockaden in unserem physischen und feinstofflichen Körper, die den freien Energiefluß verhindern. Diese Übung ermöglicht es dir, den ungehinderten Energiefluß entlang deiner Wirbelsäule zu erfahren. Entlang der Wirbelsäule liegen die Chakras, und sie stellt unsere Verbindung zum feinstofflichen oder Astralkörper dar. Durch die Erfahrung des Energiestromes, der die Wirbelsäule hinauf- und herabfließt, wird diese magnetisiert und lenkt die Lebensenergie dorthin, wo sie eigentlich zentriert sein sollte, anstatt durch die Sinne nach außen gezogen und zersplittert zu werden. Auf diese Weise wird Konzentration von unserem inneren Selbst aus möglich.

Diese Übung bezieht auch die Eigenschaften von drei der fünf Elemente in ihrer feinstofflichen mentalen Ausdrucksform ein. Die Verbindung zwischen Himmel und Erde ist nämlich auch die Verbindung zwischen Äther (Raum) und Luft (Bewegung) einerseits und Erde (Stabilität und Festigkeit) andererseits.

Kapitel 5

Elemente des Geistes

Auf das, was immer der Geist sieht und hervorhebt, folgen blind die Neigungen, Launen, Wünsche und Gewohnheiten. Sie nehmen automatisch die vorherrschenden Verhaltensmuster und Tätigkeiten des Geistes an und spiegeln seine hervorstechenden Merkmale wider. Die höchste Kraft des Geistes muß nach außen in einer Routine von konstruktiven Handlungen beschäftigt gehalten werden, selbst wenn sie im Inneren mit der höchsten Glückseligkeit vereint ist. Wenn der Geist sich Launenhaftigkeit oder Zorn hingibt, werden die Sinne etwas Düsteres oder Grimmiges zeigen; wenn der Geist aber glückselig ist, dann werden auch die Sinne Glückseligkeit ausdrücken.[28]

Das Modell des psychologischen Treibhauses zeigt, daß unsere innere und äußere Welt eng miteinander verbunden sind. In der yogischen Sicht der Schöpfung werden beide als Teil desselben Prozesses gesehen. Philosophen und Psychologen haben sich jahrelang darüber gestritten, ob das Äußere das Innere bedingt oder umgekehrt. Yoga und Ayurveda würden dazu sagen: Das ist einerlei, beide bestehen aus dem gleichen Stoff. Die Grundlage dafür bildet das Konzept der Fünf Elemente im Yoga und Ayurveda. Dabei handelt es sich um Äther, Luft, Feuer, Wasser und Erde – Energieformen von unterschiedlicher Dichte. Diese Elemente und ihre feinstofflichen Formen, die Tanmatras, sind mit den Doshas (Konstitutionstypen), den Gunas (Eigenschaften der Natur und des Geistes), den Sinnesorganen, den Handlungs- und Bewegungsorganen und sogar den Chakras verbunden.

Heutzutage kommen die Quantenphysiker und die Kosmologen zu ähnlichen Ergebnissen: Das gesamte Universum – und dazu gehört auch der Mensch – besteht aus den gleichen Teilchen und Energien und möglicherweise sogar aus demselben Bewußtsein. Wir, das heißt jedes einzelne Atom von uns, sind aus dem Urknall hervorgegangen. Daher setzen wir uns aus denselben Elementen und Teilchen zusammen, aus denen auch die Erde, das Sonnensystem und die Galaxien bestehen.

Die Erkenntnis, daß alles aus dem gleichen Stoff gemacht ist und ähnliche Muster hat, birgt auch den Schlüssel zu unserer Verwirrung wie zu unserer Befreiung. Die Verwirrung besteht darin, daß wir unser individuelles Selbst als vollkommen getrennt von den anderen Wesen und Dingen in unserer Mitwelt sehen. Die Befreiung liegt in der Erkenntnis, daß dies nur unserer konditionierten gewohnheitsmäßigen Sichtweise entspricht und daß das wahre Wesen der Wirklichkeit anders ist.

Um diese Befreiung zu finden, müssen wir als erstes bereit sein, die Dinge anders zu sehen. Das ist jedoch nicht so einfach. Ich bin ich, du bist du, dies ist dieses und das ist jenes – diese Sichtweise ist tief in uns verwurzelt. Dabei handelt es sich nicht bloß um eine Einstellung, sondern es ist die Grundlage für unsere Existenzweise in dieser Welt. Es ist auch die Grundlage für Individualität, Getrenntheit, Selbstsucht, Konkurrenz, Neid, Haß, Mißbrauch, Kriege – und scheint damit die Ursache für sehr viel menschliches Leiden zu sein.

Dein innerer Raum

Als erstes mußt du verstehen und selbst erfahren, daß du eine innere Welt besitzt. Dann mußt du wissen, daß deine innere Welt eng mit der äußeren Welt verbunden ist; oft ist sie sogar identisch mit der äußeren Welt, nur auf einer unterschiedlichen Schwingungsebene. Das eine erschafft das andere, beide können als eins erfahren und von deinem höheren Selbst verändert werden. Wenn du deine innere Welt veränderst, kannst du tatsächlich deine äußere Welt wirksamer verändern als umgekehrt, weil du dadurch nicht nur deine Wahrnehmung der äußeren Welt veränderst, sondern auch eine andere Energie in diese hineinlenkst. Yogananda verwendet dafür das Beispiel, innere Freude durch ein Lächeln auszudrücken:

Finde Freude in dir und drücke sie in deinem Gesicht aus. Wenn du das tust, wird überall, wohin du gehst, ein kleines Lächeln jeden mit deinem göttlichen Magnetismus aufladen. Und jeder wird glücklich sein! [29]

Dieses Aussenden von Energie aus jenem Ort des Friedens und der Ruhe tief im Inneren, mit anderen Worten aus der Seele, hat aber sogar noch eine größere Wirkung, als nur andere zu magnetisieren und glücklich zu machen. Dadurch wird auch dem kollektiven Brei von Energien, jenem Hologramm von Gedanken und Gefühlen, das uns alle umgibt und durchdringt, etwas Positives hinzugefügt. Wenn wir nach innen gehen und Energie aus unserer Seele nach außen projizieren, beeinflussen wir andere Menschen und unsere Mitwelt auf direkte sowie auch auf subtilere, indirekte Weise. Zur Verdeutlichung von letzterem dienen Vorgänge, bei denen durch geistige Kräfte eine Wirkung auf den Geist anderer Menschen oder auf Materie ausgeübt wird, beispielsweise Telepathie, Telekinese oder Geistheilung. Michael Talbot führt in seinem Buch *Das holographische Universum* viele gut dokumentierte Beispiele und Fallstudien von derart „übernatürlichen" Geschehnissen an und zitiert auch die Ansichten von bekannten Wissenschaftlern dazu. David Bohm glaubt zum Beispiel, daß das ganze Universum nur Gedanke ist und Realität nur in dem existiert, was wir denken. Karl Pribram ist der Meinung, daß es verschiedene potentielle Realitäten gibt und das Bewußtsein einen bestimmten Spielraum hat, um zu entscheiden, welche davon sich manifestiert. James Watson ist da schon kühner, wenn er erklärt: „Ich habe keinen Zweifel daran, daß die Realität zu einem sehr großen Teil eine geistige Konstruktion der Vorstellungskraft ist. Ich spreche nicht als Teilchenphysiker oder selbst als jemand, der genau weiß, was im Grenzbereich dieser Wissenschaft vor sich geht. Ich denke aber, daß wir die Fähigkeit besitzen, die uns umgebende Welt auf wirklich grundlegende Weise zu verändern."[30]

Wir können also unseren Beitrag dazu leisten, die Welt zu verändern, indem wir nach innen gehen und Energie aus unserer Seele nach außen projizieren. Dafür müssen wir in die Stille jenseits des an den Sinnen und Gedanken orientierten Geistes gelangen.

Unsere innere Welt besteht hauptsächlich aus Raum (Äther). Darauf folgt das Element Luft – Luft erfüllt den Raum und ermöglicht Bewegung. Aus diesen beiden Elementen setzt sich auch unser Geist zusammen. Selbst unser Körper setzt sich hauptsächlich aus Raum zusammen, weil wir – wie auch alles übrige in der Welt der Materie – aus Atomen bestehen und der Raum zwischen den Neutronen, Protonen und Elektronen weitaus größer ist als die feste Materie. Wenn du deinen Geist betrachtest, dann stelle dir die Weite des Raumes in dir vor und sieh deine Gedanken als windartige Bewegungen darin.

Die anderen drei Elemente Feuer, Wasser und Erde lassen sich in ihrer feinstofflichen Form aber ebenfalls im Geist entdecken. Die Wasser-Qualität des Geistes befindet sich in den Emotionen; Feuer ist in Wahrnehmung und Verständnis enthalten, und vom Element Erde kommt Gedächtnis, Verwurzelung und Anhaftung. Wir werden später einige der feinstofflichen Eigenschaften der Elemente in unserer Vorstellungs- und Energiearbeit verwenden.

In unserer inneren Welt geht es ziemlich geschäftig und betriebsam zu, fortwährend geschieht dort etwas. Dies ist nicht nur die Welt von grenzenlosem Raum, Bewegung und Licht, sondern auch die Welt der Gedanken, Emotionen, Sinneswahrnehmungen und – in unserer Welt des Habenwollens – der Pläne, Wünsche und Sorgen. Gewöhnlich hält uns die innere Betriebsamkeit so gefangen, daß wir nicht mehr an unser Potential der Weite und des Lichtes denken. Das psychologische Treibhaus ist vollgestopft und verschmutzt – über uns dichte graue Wolken und ein orangefarbiger Dunstschleier, ein krasser Gegensatz zu dem funkelnd weißen Sternenlicht am klaren Nachthimmel.

In diesem Kapitel befassen wir uns mit dem geschäftigen Teil des Geistes, der im Yoga und Ayurveda vor allem als Manas, der äußere oder Sinnesgeist, definiert wird. Wir werden uns hier aus der Sicht der westlichen Psychologie mit diesem Teil des Geistes befassen. Im Vergleich zu Yoga beschäftigt sich die westliche Psychologie nur mit einem kleinen Teil des größeren Geistes, *Chitta* oder Bewußtsein. Dies tut sie aber sehr gut und sehr ausführlich, während Yoga mehr über die spirituellen Aspekte des Geistes zu sagen hat.

Wir alle sind uns unserer inneren Welt bewußt, wenn wir träumen oder uns an einen Traum erinnern. Während der übrigen Zeit haben wir jedoch gewöhnlich das Gefühl, uns ganz in der äußeren Welt zu bewegen, und werden kaum der Dinge gewahr, die in uns vorgehen.

Nur manchmal bricht etwas aus der inneren Welt in unser normales Tagesbewußtsein durch: meist als heftige Gemütsbewegung, wie Angst, Trauer, Schmerz, Freude oder Glück. Woher kommen diese Gefühle? Gerade noch waren wir mit unseren üblichen Dingen beschäftigt, und dann sind sie ganz unvermittelt da. In diesem Moment hat der Prozeß begonnen, daß ein Gedanke oder eine Emotion aus der raumartigen, luftigen Qualität des Geistes zu einer felsenfesten Realität wird, weil diese Gefühlskonstellation dann unser ganzes Wesen einschließlich unseres körperlichen Wohlbefindens und unseres Handels beherrschen kann. Später werden wir lernen, wie wir die Gedanken und Emotionen länger in dem offenen Raum des Geistes halten und sogar dort auflösen können, anstatt es zuzulassen, daß sie gegen unseren Willen Realitäten schaffen. Auf diese Weise werden wir lernen, die Verdichtung und Verfestigung von Gedanken und Emotionen zu verhindern, denn nur dann, wenn sie sich verfestigen, stagnieren sie auch und blockieren den freien Fluß geistiger Abläufe. Die Kognitive Psychologie arbeitet mit Methoden, die uns dabei helfen können, Bewegung in verfestigte und stagnierende Denk- und Gefühlsmuster bringen können.

Deine Aufmerksamkeit

Ein wichtiger Grund für diesen plötzlichen unbewußten Angriff durch Gedanken und Emotionen besteht darin, daß unsere Aufmerksamkeit begrenzt und daher selektiv ist. Meistens ist sie auf die äußere Welt gerichtet. Alles, was aus der subtileren inneren Welt stammt, packt unsere Aufmerksamkeit oder Bewußtheit nur dann, wenn es eine gewisse Intensität erreicht hat. Wenn das eintritt, sind wir uns aber nicht mehr des subtilen Entstehungsprozesses bewußt, der in der inneren Welt stattgefunden und zu dem unvermittelten Durchbruch eines Gedanken oder einer Emotion in unsere Bewußtheit geführt hat. Außerdem arbeitet unser Gehirn so, daß die emotionale Verarbeitung weitaus rascher als die rationale Bewertung geschieht und zudem auch nur mit einem Bruchteil der gesamten Informationen über eine gegebene Situation auskommt. Das heißt, bevor wir überhaupt darüber nachdenken können, befinden wir uns bereits in einer bestimmten

Gefühlslage. Auf diese Weise entsteht eine emotionale Situation, die ein Eigenleben entwickeln kann und unsere Handlungen, Wahrnehmungen und weitere emotionale Reaktionen beeinflußt.

Deine Aufmerksamkeit beobachten

Sitze eine Minute ruhig da und richte deinen Blick auf etwas in der Ferne. Schließe dann langsam die Augen und schalte damit den Gesichtssinn aus, unseren am stärksten dominierenden Sinn. Bleibe zwei Minuten lang so und achte darauf, wohin deine Aufmerksamkeit geht. Geht sie zu anderen Sinneswahrnehmungen wie dem Hören? Wirst du dir deiner körperlichen Empfindungen wie Schmerz oder Unbehagen sehr bewußt? Beobachte einfach nur, wie deine Aufmerksamkeit umherwandert, um den Verlust des Sehvermögens auszugleichen. Kannst du möglicherweise tatsächlich Dinge vor deinen Augen sehen? Oder richtet sich deine Aufmerksamkeit auf Phantasievorstellungen, Gedanken oder Wachträume? Was immer es sein mag, werde dir einfach bewußt, wohin deine Aufmerksamkeit geht.

Entschließe dich dann vielleicht dazu, deine ganze Aufmerksamkeit in dein Gehör oder auch in ein Bein zu verlagern. Wie fühlt es sich an, wenn du das versuchst? Beobachte, wie deine Aufmerksamkeit möglicherweise wieder von dort, wohin du sie gerichtet hast, weggezogen wird.

Durch diese Übung lernst du deine Aufmerksamkeit kennen. Du wirst vielleicht auch die Erfahrung machen, daß deine Aufmerksamkeit ein Eigenleben zu haben scheint. Sobald du versucht, sie irgendwohin zu richten, möchte sie sich woanders hinbewegen. Vielleicht wirst du auch bemerken, daß du dir deiner Gedanken bewußter wirst, wenn deine Augen geschlossen sind.

Es geht hier darum, daß du deine Gedanken wahrnehmen und sie sogar beobachten kannst, anstatt einfach nur Gedanken zu haben. Du hast sie sowieso die ganze Zeit über, doch meistens sind dir nur wenige bewußt. Es wäre ohnehin unmöglich, dir über alles bewußt zu sein, was in deiner inneren Welt vor sich geht. Unser Geist ist so konstruiert, daß er viele der ihm zugeführten Sinneswahrnehmungen herausfiltert, so daß nur die wichtigsten Informationseinheiten verarbeitet werden, um rasch Schlüsse zu ziehen und zu handeln.

Die Konditionierung von Gefühlsmustern

Gefühlsreaktionen sind deshalb so machtvoll, weil sie ungreifbar und schnell sind. Die Ursprünge von Gefühlsmustern sind gewöhnlich tief im Unterbewußtsein verborgen, weil sie vor langer Zeit während unserer Entwicklungsjahre oder sogar beim Geburtsvorgang oder in früheren Leben entstanden sind. Das bedeutet, daß sie sich leicht an Lebenssituationen festmachen können, die nur entfernt den ursprünglichen Anlässen ähneln, welche jene Muster in der lange zurückliegenden Vergangenheit überhaupt erst hervorgerufen haben. So können wir beispielsweise immer dann in einen Gefühlsaufruhr geraten, wenn wir uns auch nur geringfügig zurückgewiesen oder abgelehnt fühlen, weil wir früher einmal sehr viel Ablehnung von einem Elternteil erfahren haben mögen. An diesem Punkt kann in der Gegenwart nun ein Teufelskreis seinen Anfang nehmen. Als Folge von negativen Emotionen produziert der Körper bestimmte Streßhormone, die eigentlich dazu bestimmt sind, uns angesichts einer Bedrohung auf eine „Kampf- oder- Flucht“-Reaktion vorzubereiten. Dadurch fühlen wir uns gestreßt und ängstlich. Die Streßhormone machen uns auch überempfindlich für weitere Signale von potentieller Gefahr. Folglich können wir dann noch mehr Signale auffangen, welche die anfängliche Gefühlsreaktion von „Gefahr“ oder „Bedrohung“ bestätigen, weil unsere Aufmerksamkeit darauf gerichtet ist. Dann reagieren wir auch überempfindlich auf die physischen Wahrnehmungen von Streß und Beängstigung, die wir in uns fühlen. An diesem Punkt kann dann eine Konditionierung stattfinden. In unserem Zustand erhöhter Alarmbereitschaft verbinden wir weitere Wahrnehmungen von potentieller Gefahr mit der gefühlsmäßigen Verfassung, in der wir uns gerade befinden. Wenn wir zum Beispiel im Supermarkt oder in öffentlichen Verkehrsmitteln eine Panikattacke haben, besteht die Möglichkeit, daß solche Situationen auch später noch mit Panik assoziiert werden und dann selbst als Auslöser für weitere Panikattacken dienen können. Dann nimmt das Ganze selbsttätig seinen Lauf.

Verborgene Auslöser

Viele Auslöser für unsere Gefühlsreaktionen sind mehr oder weniger tief in unserem Unterbewußtsein verborgen. Vielleicht ist es nur schwer vorstellbar, daß unsere Emotionen von Kräften gelenkt werden können, deren wir uns nicht oder nur schwach bewußt sind. Ich möchte dies durch zwei Beispiele aus meiner psychotherapeutischen Praxis veranschaulichen.

Mein Patient Ian berichtete mir von einer seiner kürzlich erlebten Panikattacken bei der Arbeit. Am Tag des Derby (berühmtes englisches Pferderennen) nahm er seinen Mittagsimbiß an seinem Schreibtisch ein. Dann ging er in der Absicht, sich das Rennen im Fernsehen anzuschauen, hinüber zum Arbeitsplatz eines Kollegen, der ein tragbares Fernsehgerät unter seinem Schreibtisch stehen hatte. Plötzlich verspürte Ian einen Druck hinter seinen Augen und ein allgemeines Gefühl von Zittrigkeit. Er nahm etwas Valium und fühlte sich besser. Doch sobald die Wirkung am Nachmittag nachgelassen hatte, kehrte das Gefühl von Panik zurück und hielt an, bis er nach Hause kam.

In unserer Therapiesitzung gingen wir seine Erfahrung sehr ausführlich durch und versuchten, einen Auslöser oder irgendeinen Grund für seine Panikattacke festzustellen, konnten jedoch nichts finden. Dann sprachen wir über Ians Urlaub, der in der folgenden Woche beginnen sollte. Er war in ziemlicher Sorge darüber, denn er nahm nicht nur seine Frau und seine kleine Tochter mit, sondern auch seine Eltern und seine Schwiegermutter. Da er als einziger einen Führerschein hatte, war er beunruhigt wegen der langen Autofahrt und fühlte sich auch allgemein unter Druck, seiner ganzen Familie eine positive Urlaubserfahrung bieten zu müssen.

Dann erwähnte Ian eher zufällig, daß er seine Mutter am Tag des Derby vom Büro aus angerufen hatte. Es stellte sich heraus, daß er sie genau dann angerufen hatte, bevor er hinüber zum Schreibtisch seines Kollegen gegangen war. Ian erinnerte sich daran, daß er sich ziemlich angespannt gefühlt hatte, als er das Telefon bei seiner Mutter läuten hörte. Dann hatte sie ihm von all den neuen Kleidern erzählt, die sie für den Urlaub gekauft hatte. Nach dem Telefongespräch hatte er alles aus seinem Kopf verdrängt. Er vergaß es, ging hinüber zum Schreibtisch seines Kollegen – und die Panikattacken fingen an.

Was kann uns dies über verborgene Auslöser mitteilen?

1. Ians Telefongespräch mit seiner Mutter stellte die Verbindung zu Verantwortungsgefühlen gegenüber seiner Familie und auch zu seiner Unfähigkeit her, andere an die zweite Stelle zu setzen. Wahrscheinlich verspürte er dabei starke unangenehme Emotionen, die er so schnell wie möglich aus seinem Bewußtsein verdrängen wollte.
2. Panikzustände können durch Gedanken oder Gefühle ausgelöst werden, die nicht in den normalen Lauf der Dinge hineinpassen. In Ians Fall paßte die Erinnerung an den Urlaub nicht mit seiner normalen Arbeitsroutine und der Aufregung zusammen, sich das Derby im Fernsehen anzuschauen. Er erinnerte sich deshalb später nicht an das Telefongespräch mit seiner Mutter, weil es nicht in den normalen Ablauf während der Arbeit hineinpaßte.
3. Eine Panikattacke zu erleben bedeutet gewöhnlich, daß das logische Denken vermindert ist. Wenn die Panikattacke erst einmal vorbei ist, möchten wir sie insgesamt vergessen. Unsere Erinnerung an das, was sich im Detail zugetragen hat, ist daher begrenzt.
4. In Ians Fall wurde er durch den Auslöser an eine Situation erinnert, die er unter allen Umständen meistern wollte, das heißt, seiner Familie einen guten Urlaub zu bieten. Er wollte keinerlei negative Gefühle darüber haben und mußte daher alle potentiell vorhandenen negativen Gefühle darüber verleugnen. Genau dadurch aber werden die negativen Gefühle in das Unter- oder Speicherbewußtsein verdrängt, wo sie weiteren Druck erzeugen.

Nachfolgend noch ein weiteres Beispiel:

Mein Patient Bill, Pilot bei einer Fluggesellschaft, der unlängst das Fliegen wegen seiner Panikzustände vorübergehend aufgegeben hatte, beschrieb eine kürzlich erfolgte Panikattacke. Sie passierte, während er im Eingang seines Hauses stand und beobachtete, wie seine Frau, eine Stewardeß, in ihre Uniform gekleidet sich fertigmachte, um zur Arbeit zu gehen. Es gab keinen offensichtlichen Auslöser.

Dann bat ich Bill, seine Augen zu schließen, und führte ihn durch einige Atemübungen, um seinen Geist zur Ruhe zu bringen. Ich forderte ihn dazu auf, sich deutlich an alles zu erinnern, was zu diesem Zeitpunkt geschehen war. Nach ein paar Minuten rief er sich ins Gedächtnis zurück, daß er, gerade bevor er seine Frau in ihrer Uniform erblickte, Nachrichten im Fernsehen über ein Flugzeugunglück gesehen hatte.

Bills Geschichte ist sehr ähnlich wie die von Ian. Auch er „vergaß“ ein Ereignis, das wahrscheinlich die Verbindung zu ziemlich negativen Emotionen herstellte. In diesem Fall mag es sich dabei um seine Sorgen darüber gehandelt haben, daß sowohl er selbst als auch seine Frau bei einer Fluggesellschaft beschäftigt waren. Zusätzlich zu diesen konkreten Ängsten war dies vermutlich auch noch mit der Tatsache verknüpft, daß er zu diesem Zeitpunkt seine Arbeit nicht mehr ausführen konnte.

Diese beiden Beispiele verdeutlichen einige Mängel, die unser Geist hat, wenn es darum geht, unangenehme Informationen in der Erinnerung wieder zusammenzufügen. Häufig sind wir uns nur der daraus resultierenden unangenehmen Gefühle und nicht des inneren Vorgangs bewußt, der dazu geführt hat. Der Prozeß, sich verborgene Auslöser wieder ins Gedächtnis zu rufen, kann eine sehr therapeutische Wirkung haben, weil er uns dabei hilft, vorher undurchschaubare und daher sehr erschreckende emotionale Erfahrungen verständlich zu machen. Im allgemeinen ist es nicht schwer, diesen Prozeß der Erinnerung in Gang zu setzen. Die wichtigste Voraussetzung dafür ist, den Geist zur Ruhe zu bringen – und dies ist auch der wichtigste Aspekt der Meditation. Du hast bereits einige Atemübungen erlernt *(siehe Kapitel 4)*, die dich dabei unterstützen können, und in der vorigen Übung etwas über deine Aufmerksamkeit erfahren. Diese Kenntnisse kannst du nun dafür einsetzen, um an einem für dich relevanten psychologischen Thema zu arbeiten.

Ein kurzer Hinweis erscheint mir an dieser Stelle jedoch angebracht. Es macht nicht unbedingt immer Spaß, nach innen zu gehen und sich die innere Welt unserer Gedanken und Emotionen anzuschauen. Wir könnten dort Erinnerungen finden, die wir nicht erwartet haben, oder ziemlich verwirrende Dinge. Die meisten Menschen stoßen auf einige schmerzvolle Gefühle, wenn sie zu meditieren beginnen. Das gehört einfach mit dazu. Als Erklärung dafür ziehe ich gerne das Verständnis aus Ayurveda und chinesischer Medizin heran. Nach dem Ayurveda regt Meditation *Agni* (das Verdauungsfeuer) an, und das Agni des Geistes ist mit dem Agni der Leber verbunden. Meines Wissens ist die Leber in der chinesischen Medizin diejenige Stelle, wo unterdrückte Gefühle sitzen, insbesondere Ärger und Zorn. Demnach regt Meditation wahrscheinlich die geistige und emotionale Verarbeitung an, was sicherlich gut ist. Es ist auch gut, die Emotionen in Bewegung zu halten, damit sie im Fluß bleiben. Festsitzende Emotionen und ein blockierter Gefühlsfluß haben eine nachteilige Wirkung, vermutlich ähnlich wie Blockierungen in unserer Körperzirkulation, zum Beispiel bei Verdauung und Blutkreislauf. Wir müssen also wieder lernen, „im Fluß zu sein". Bei unseren späteren Meditationen wirst du bemerken, daß die Betonung immer auf „Fluß" und „Raum" liegt, wodurch das Äther- und Luftelement im Geist wieder gestärkt wird.

Diese Auflösung von Blockaden ist zwar notwendig, wird möglicherweise aber nicht besonders angenehm sein. Wie bei einer verstopften Toilette braucht man hierfür vielleicht einen guten Klempner. Setzen wir den Vergleich mit der emotionalen Klempnerarbeit noch etwas weiter fort: Wenn wir unsere Rohrleitungen repariert haben möchten, damit die Dinge wieder richtig fließen, können wir dies entweder selbst tun oder Hilfe von einem Fachmann erbitten. Die Entscheidung hängt hier von unseren eigenen Fähigkeiten und davon ab, wie sicher wir uns dabei fühlen, so etwas wie Klempnerarbeiten selbst auszuführen. Wir könnten aber auch noch weitergehen: Wenn wir das Rohrleitungssystem wirklich verstehen wollen, mit dem wir es zu tun haben, möchten wir vielleicht Kontakt zu der Firma aufnehmen, die es zu Anfang in unserem Haus installiert hat. Oder wenn wir mehr über die Ideen wissen möchten, nach denen das Rohrleitungssystem konzipiert wurde, müßten wir Kontakt zu dem Architekten aufnehmen, der es entworfen hat.

Das gleiche trifft nun auch für emotionale Blockaden zu. Wir können uns selbst an die Arbeit machen, wie es viele Menschen tun, oder wir können mit einem Psychotherapeuten daran arbeiten. Meine Kollegen werden mir hoffentlich den Vergleich mit Klempnern verzeihen. Die Firma, von der unser geistig-seelisches System installiert wurde, wäre die Evolution oder, in der Sprache der Sankhya-Philosophie, Prakriti, die uranfängliche Natur. Der Architekt ist natürlich Purusha oder Gott. Doch selbst wenn wir auf der Ebene von Purusha und Prakriti an unsere emotionalen Probleme herangehen wollten, muß die verstopfte Toilette manchmal ganz dringend repariert werden. Dann müssen wir einen Fachmann holen. Im Idealfall finden wir einen Klempner, der uns beibringen kann, wie wir uns beim nächsten Mal selbst helfen können, oder sogar einen, der Kontakt zu der Installationsfirma hat und auch den Architekten kennt. Dies wäre dann ein Psychotherapeut, der auch einen evolutionären und spirituellen Ansatz hat. Sonst gehen wir das Risiko ein, nur das augenblickliche Problem zu lösen, ohne uns jemals dem größeren Zusammenhang zuzuwenden. Viele Methoden der Psychotherapie sind leider auf ihre ziemlich schmalspurigen Modelle und einen engen Kontext begrenzt.

Probleme können auch dann auftreten, wenn wir den Ernst und die Dringlichkeit einer solchen Situation, daß die Toilette verstopft ist, nicht beachten und einfach nur mit dem Architekten die Philosophie des Rohrleitungssystems im allgemeinen erforschen wollen. Es gab und es gibt Menschen auf dem spirituellen Weg, welche in diese Kategorie fallen. Das Wissen, das sie aus ihrer spirituellen Praxis ziehen, mag schließlich jedoch dazu führen, daß sie auch ihre emotionalen Probleme lösen werden.

An dieser Stelle sollten wir uns auch über die Ebenen klarwerden, welche dieses Buch anspricht. Es kann nicht dein Klempner sein! Es kann deine emotionalen Blockaden nicht auflösen, weil sie etwas für dich Spezifisches sind und du dafür vielleicht die Hilfe eines Psychotherapeuten benötigst. Wenn dies der Fall ist, dann entscheide dich für jemanden, der einen spirituellen Ansatz hat. Dieses Buch bezieht sich auf die Ebene der Firma (Prakriti) und des Architekten (Purusha). Die Übungen und Reflexionen werden nicht unbedingt deine speziellen Probleme lösen, können dir jedoch als Ausgangspunkt dienen.

Behalte dies im Gedächtnis, wenn du die folgende Übung ausprobierst, um eines deiner emotionalen Probleme zu betrachten und zu lernen, wie dein Geist arbeitet. Es handelt sich dabei um eine ziemlich komplexe Reflexion, und du solltest dir dafür eine halbe Stunde Zeit nehmen. Du kannst die Übung Schritt für Schritt ausführen: Lies einen Absatz, folge der Anleitung usw. Vielleicht ist es auch hilfreich, dir während der Reflexion ab und zu Notizen zu machen.

Deine geistigen Muster identifizieren

Mache als erstes eine der Atemübungen *(siehe Seite 89f.)* *so lange, bis sich dein Atem und folglich auch deine geistige Aktivität verlangsamt. Achte darauf, daß deine Augen geschlossen sind. Praktiziere dann einige Minuten lang Achtsamkeit auf den Atem – beobachte einfach nur, wie dein Atem nach innen und wieder nach außen geht. Laß deine Atmung ganz natürlich geschehen, folge ihr nur mit deiner Aufmerksamkeit.*

Du wirst auch bemerken, daß deine Aufmerksamkeit durch Gedanken von deiner Atmung abgelenkt wird. Achte zwei Minuten lang auf die Gedanken, die dir durch den Sinn gehen. Beobachte deine Gedanken. Wenn deine Aufmerksamkeit während dieser Zeit völlig in eine Gedankenfolge hineingezogen wird, dann kehre einfach kurz zu deinem Atem als Basis zurück. Werde einige Augenblicke lang zum Beobachter deiner Atmung und beobachte dann erneut deine Gedanken.

Beginne dann damit, deinen Geist über eine Situation nachdenken zu lassen, die vor kurzem stattgefunden hat, wo du dich unter Spannung oder Streß fühltest. Bestimme soweit wie möglich den Tag, die Uhrzeit und den Ort, wo das Gefühl oder die Gefühle angefangen haben, und gehe dafür wie mit einem Scanner durch die Zeit zurück.

Beobachte nun, welche Gedanken und Emotionen dein Geist über die betreffende Situation hervorbringt. Beobachte mit großem Interesse und voller Konzentration. Wenn du feststellst, daß du allzusehr in das Denken und Fühlen deines Geistes verwickelt wirst und nicht mehr wirklich beobachtest, dann werde für kurze Zeit wieder zum Beobachter deines Atems. Führe dies etwa fünf Minuten lang durch.

Die Auslöser identifizieren

Geh dann in diese Situation hinein. Stell dir dich selbst ganz intensiv in dieser Situation vor, ehe das unangenehme Gefühl angefangen hat. Vergegenwärtige dir dich selbst, die Umgebung, andere Menschen, die Geräusche und Gerüche, die Temperatur. Versuche, du selbst in dieser Situation zu sein. Wie ist es für dich in dieser besonderen Situation gewesen? Welche Erfahrung hast du dabei gemacht?

Was hast du getan oder gesagt?
Was haben die anderen getan oder gesagt?
Welche Gefühle hast du gehabt?
Welche körperlichen Wahrnehmungen hast du erlebt?
Welche Gedanken sind dir durch den Kopf gegangen?
War eine Erinnerung an die Vergangenheit damit verknüpft?
Hast du etwas in der Zukunft vorausgesehen?

Du magst es vielleicht als etwas unangenehm empfinden, dich an alles so detailliert erinnern zu müssen. Oder du wirst möglicherweise feststellen, daß die Erinnerung blockiert ist. Dein Geist kann abdriften und über andere Dinge nachdenken. Achte darauf, daß dein Körper und vor al-

lem deine Atmung ruhig und entspannt bleiben, und lenke deinen Geist behutsam zu der Situation zurück.

Sobald du den Kontext untersucht hast, wie die unangenehmen Gefühle angefangen haben, sieh zu, ob du ein Gefühl dafür bekommen kannst, was der oder die Auslöser dafür gewesen sein könnten. Das mag nicht klar umrissen sein, und vielleicht wird es den Anschein haben, als gebe es überhaupt keinen Auslöser und alles sei sozusagen aus heiterem Himmel passiert. Wenn das der Fall ist, dann richte deine Konzentration besonders auf die Dinge, an die du dich nicht erinnern mochtest, oder auf die Dinge, die du vergessen hattest und die dir gerade erst wieder eingefallen sind. Betrachte auch die Situation als Ganzes: War die Konstellation ähnlich wie andere, die du in der Vergangenheit als schwierig empfunden hast? Gibt es ein Muster, das lange zurückreicht?

Die Erfahrung

Geh nun zurück und erinnere dich an die Situation, konzentriere dich diesmal aber auf die emotionale Erfahrung zu diesem Zeitpunkt.

Wie ist es für dich in dieser besonderen Situation gewesen? Welche Erfahrung hast du dabei gemacht?

Sieh zu, ob du ein Gefühl dafür bekommen kannst, was deine Gefühle dir sagen wollten. War es eine Botschaft aus der Vergangenheit? Wie relevant ist diese Botschaft heute für dich?

Vergiß nicht: Wenn dir alles zu viel wird, dann kehre einfach kurz zu deinem Atem zurück.

Das Ergebnis

Geh nun zu dem Zeitpunkt, wo die Situation, welche die unangenehmen Gefühle hervorgerufen hatte, aufgelöst wurde oder sich einfach veränderte. Unter welchen Umständen veränderte sie sich? Hatte dies mit etwas zu tun, was du getan, gesagt, gedacht oder gefühlt hast? Oder hatte dies etwas mit dem Verhalten anderer Menschen zu tun?

Loslassen

Nun löse dich von der Erinnerung und richte deine ganze Aufmerksamkeit wieder auf deine Atmung. Wenn du feststellst, daß deine Aufmerksamkeit in Gedanken oder Emotionen hineingezogen wird, dann lenke sie behutsam zu deinem Atem zurück. Laß die Situation aus der Vergangenheit los. Mach dir keine Gedanken, wenn dir das schwerfällt.

Konzentriere dich weiter darauf, deine Aufmerksamkeit zurück zu deinem Atem zu lenken. Wiederhole eine Minute lang den folgenden Satz zu dir selbst: „Ich beherrsche meinen Geist."

Der Beobachter

Diese Übung lehrt uns etwas sehr Wichtiges über den Geist und vermittelt uns praktische Kenntnisse für den Umgang mit Emotionen und Gedanken, so daß ihre Energie uns für unsere spirituelle Entwicklung dienen kann, anstatt uns in den Teufelskreisen unseres psychologischen Treibhauses steckenbleiben zu lassen.

Du wirst vermutlich entdeckt haben, daß weitaus mehr an Material in deinem Geist gespeichert ist, als du dachtest. Du wirst auch festgestellt haben, daß vieles von diesem verborgenen Material dir durch gründliche Erforschung zugänglich ist. Meditation, Beobachtung und ruhige Reflexion sind die Schlüssel für eine solche Erforschung. Wir müssen lernen, wie wir zu objektiven Beobachtern unserer inneren Abläufe werden können, anstatt völlig in sie oder in ihre Auswirkungen verwickelt zu sein. Anhaftung an unsere Gedanken und Emotionen wird gewöhnlich dadurch erzeugt, daß eine gegenwärtige Situation durch mehr oder weniger vage Erinnerungen mit vergangenen Erfahrungen verknüpft wird. Erinnerungen stellen das Erd-Element im Geist dar, und Erde verhindert den freien Fluß von Wasser und Luft im Raum.

Der Beobachter unserer geistigen Abläufe zu sein bedeutet, daß wir uns den Fluß anschauen und gleichzeitig auch der Unterbrechungen im Fluß bewußt werden können. Allein dadurch, daß wir in der Position des Beobachters zentriert bleiben, können sich die verfestigten, erdhaften Blockaden im Geist allmählich auflösen und die Dinge wieder in Fluß kommen. Wir verwenden das Feuer unserer Wahrnehmung und Unterscheidungskraft, um die steinharten Strukturen, welche die Erinnerungen an Angst und Schmerz in unserem Geist geschaffen haben, aufzuschmelzen. Allmählich lösen sich die erstarrten alten Blockaden und werden von verfestigten Erinnerungen wieder zu fließenderen Emotionen. Dies braucht Zeit, und am Anfang wird der Fluß nur schwach sein. Schließlich aber werden die alten Prägungen wie Lavaströme fließen, und ihre Hitze wird sogar unser Herz erwärmen und öffnen, um Mitgefühl für unsere eigenen früheren Verwundungen und auch die von anderen zu wecken. Wir werden all unser vergangenes Leiden als Teil der menschlichen Existenz erkennen können, und an die Stelle von Anhaftung wird Mitgefühl treten.

Im Hinblick auf die Chakras wird durch den Beobachter die wahrnehmende Intelligenz der Seele im Stirnzentrum freigesetzt. Wir können damit beginnen, die Realität so zu sehen, wie sie ist, und nicht mehr durch die Brille unserer früheren Prägungen. Dadurch wird das Feuer-Element im Manipura-Chakra angeregt, das wir bisher mit der Energie des Habenwollens in der Treibhauswelt angefüllt haben. Durch dieses Feuer wird die ursprüngliche Funktion von Manipura als Zentrum von Dynamik, Energie und Willenskraft wiederhergestellt, und es wird nicht mehr als Müllhalde für unverdaute Emotionen mißbraucht. Der ungehinderte Fluß der Lebensenergie durch den Körper kann seine Arbeit wieder aufnehmen.

Als Beobachter sind wir Herr über unseren Geist und nicht seinen automatischen, gewohnheitsmäßigen und oft versteckten Abläufen unterworfen. Die Übung „Deine geistigen Muster identifizieren" hat dir vielleicht einen ersten Anhaltspunkt für den Beobachter in dir gegeben. Dabei handelt es sich um den Teil in dir, der den Geist betrachten und deine Aufmerksamkeit entweder zu deinen Gedanken oder zu deinem Atem lenken kann. Du selbst kannst entscheiden, wohin sich deine Aufmerksamkeit wendet. Die Dinge passieren nicht einfach nur so. Wenn du dich plötzlich in einem bestimmten Gemütszustand befindest, bist du – oft sehr schnell – durch gewohnheitsmäßige Denk- und Gefühlsabläufe in diesen hineinversetzt worden. Diese geistigen Prozesse kannst du aber beherrschen lernen.

Identifizierungen auflösen

Mit dieser Übung kannst du deinen inneren Beobachter kennenlernen. Sie ist sehr kraftvoll, und es ist wichtig, daß du sie sehr langsam beendest und dich genau an die Anleitungen hältst. Am besten liest dir jemand die Anleitungen vor, oder vielleicht möchtest du sie auch selbst sprechen und auf einem Tonband für dich aufnehmen. Die

Länge der Pausen zwischen den verschiedenen Übungsteilen ist bei den Anleitungen angegeben.

Setze dich in die Meditationshaltung und bringe mit einigen Atemübungen, die du etwa eine Minute lang ausführst, Körper und Geist zur Ruhe.

Konzentriere dich dann zuerst auf deinen Körper. Werde dir aller physischen Empfindungen bewußt, die du wahrnehmen kannst – das Gewicht deines Körpers, deine Atmung, jede Art von Spannung. Sei dir bewußt, daß du diese physischen Empfindungen durch deine Sinne aufnimmst. Nimm dabei eine Haltung des Akzeptierens ein – akzeptiere deinen Körper, so wie er im Augenblick ist. Wenn du möchtest, kannst du jede körperliche Spannung beim Ausatmen aus dir herausfließen lassen. [1 Minute]

Hör damit auf, deinen Körper zu beobachten, und laß ihn in deiner Vorstellung ganz leicht werden. Konzentriere dich nun auf die Emotionen, die im Augenblick gerade da sind. Hast du diese Emotionen häufig? Akzeptiere auch jene Emotionen, die du nicht magst, als Teil des großen Gefühlsspektrums, das du hast. Wieder kannst du in unangenehme Emotionen hineinatmen, um sie abzumildern, doch erkenne vor allem an und akzeptiere, was du in deinem inneren Raum vorfindest. [1 Minute]

Laß dann deine Emotionen los, indem du dir vorstellst, wie die Wellen und die sich kräuselnde Wasseroberfläche eines Sees ganz ruhig und glatt werden. Betrachte nun die Gedanken, die dir durch den Kopf gehen. Vielleicht stellst du dir vor, wie du genau in der Mitte eines großen leeren Kinosaales sitzt und deine Gedanken, Bilder, Erinnerungen, Phantasievorstellungen auf der riesigen weißen Leinwand vor dir ablaufen. Beobachte, wie Gedanken auftauchen, nur um gleich wieder durch andere Gedanken ersetzt zu werden. Schau einfach zu, sei ein Beobachter deines Denkens. [1 Minute]

Laß nun die Gedanken auf der Leinwand verblassen und die Leinwand wieder leer und weiß werden. Sei dir des Raumes um dich herum und in dir bewußt. Ziehe auch deine Aufmerksamkeit von physischen Empfindungen und Emotionen zurück. Werde dir bewußt, daß du ein Beobachter deines Körpers, deiner Emotionen und deiner Gedanken gewesen bist. Bekomme ein Gefühl für den Teil von dir, der ein Beobachter all jener anderen Teile sein kann. Sei einen Augenblick lang nur dieser Beobachter. [1 Minute]

Konzentriere dich nun wieder auf deine Atmung, werde dir des Gewichtes und der Länge deines Körpers bewußt. Werde dir auch wieder der Denk- und Gefühlsabläufe in deinem Inneren bewußt. Strecke deinen ganzen Körper, atme tief ein und öffne deine Augen wieder.

In unseren MindBalancing-Gruppen ruft diese Übung häufig sehr starke Bilder und Wahrnehmungen hervor, wie Bilder aus dem Unterbewußten, tief verschüttete Erinnerungen oder sogar außerkörperliche Erfahrungen. Manche Menschen entdecken bisweilen mit Erstaunen, wie ihr Geist arbeitet, während andere einfach nur ein Gefühl von offenem Raum genießen. Was auch immer du erleben wirst, akzeptiere es bitte als ersten wichtigen Schritt in die Richtung, der Beobachter deiner inneren Abläufe zu sein. Sieh es als erste Bewegung aus der festgefahrenen und vollgestopften Treibhauswelt in die Richtung, die Energien wieder im unermeßlichen Raum des Geistes fließen zu lassen.

Die Grenzen der Psychotherapie

Im Rahmen von verschiedenen psychologischen Theorien sind komplexe Modelle und Terminologien für unsere innere psychische Welt entwickelt worden, wovon das Unterbewußtsein, das Unbewußte, das Überbewußtsein, kognitive Schemata, irrationale Glaubenssysteme und Mind-Sets die gebräuchlichsten sind. Die Psychotherapie beruht auf der Anerkennung der Macht dieser oft unbewußten Kräfte, die uns beherrschen und sich nachteilig auf uns auswirken können. Therapeutische Maßnahmen haben das Ziel, die Leiden der inneren Welt dadurch zu heilen, daß sie diese unbewußten Prägungen aus ihrem geheimen Exil in einigen dunklen Ecken der unterbewußten Erinnerung wieder hervorziehen und das helle Licht des Bewußtseins, des Gewahrseins und Verstehens auf sie richten. Zu den Methoden können Körperarbeit, Übertragung, Empathie, Psychodrama, rationale Analyse, Kognitive oder Verhaltenstherapie gehören – sie alle haben das gleiche Ziel: wie bei einer Art emotionalen chirurgischen Eingriff die Dinge ans Licht zu bringen. Wie unterschiedlich die Vorgehensweisen auch sein mögen, all diesen Therapien ist gemeinsam, daß es als nützlich und therapeutisch wirksam angesehen wird, den

Abläufen der inneren Welt Beachtung zu schenken und mehr über sie zu erfahren. Die strukturierte Herangehensweise, mit der wir in diesem Kapitel gearbeitet haben, beruht auf der Kognitiven Therapie; diese will dadurch Bewußtheit wecken, daß psychische und verhaltensmäßige Muster von Ursache und Wirkung identifiziert werden oder erkannt wird, daß man sich im Kreis dreht. Dann kann versucht werden, Veränderungen bei den identifizierten Aufeinanderfolgen von Gedanken, Emotionen und Handlungen herbeizuführen. Es geht darum zu lernen, mit der inneren Welt zu kooperieren und sie zu beherrschen, anstatt sich von ihr beherrschen zu lassen.

An dieser Stelle müssen wir uns jedoch selbst eine sehr wichtige Frage stellen. Wodurch werden die alten Muster denn ersetzt? Denn, seien wir einmal ehrlich, wenn wir alte, selbst destruktive oder unliebsame Gewohnheiten aufgeben, ist das immer noch so, als würden wir einen alten Freund verlieren. Wer und wo sind die neuen Freunde? Ich denke, dies ist ein wunder Punkt bei der Psychotherapie, die uns nicht viel weiter als zu einem leistungsfähiger und angemessener funktionierenden Ego führen kann. Ich möchte hier nicht mißverstanden werden – das ist an sich schon eine gewaltige Aufgabe, und ich weiß, wovon ich rede, denn ich arbeite selbst seit über 20 Jahren als Psychotherapeut. Doch die evolutionären Aufgaben, die vor uns allen liegen, sind noch gewaltiger. Ich habe das Gefühl, daß wir uns den Luxus nicht länger leisten können, lediglich unsere Neurosen zu heilen, um zu glücklicheren Individuen oder Paaren zu werden. Die Evolution verlangt von uns, die Bewußtheit zu entwickeln, wie unsere Neurosen und Psychosen in einem engen Zusammenhang mit dem Leiden der gesamten Menschheit stehen und wie wir letztlich alle miteinander verbunden sind. Dies ist die evolutionäre, die spirituelle Aufgabe. Die Psychotherapie muß diese Herausforderung annehmen, wenn sie ihre moralische und ethische Verpflichtung erfüllen will.

Wir haben hier die Möglichkeit der Wahl, und verschiedene Therapieformen bieten verschiedene Lösungen an. Diese Lösungen lassen sich grob in Wege zur Stärkung des Ego oder der Transzendierung des Ego unterteilen. Meiner Meinung nach muß die Psychotherapie beides einbeziehen, wenn sie für unsere Entwicklung relevant bleiben will.

Bisher haben wir Reflexionen und Meditationstechniken hauptsächlich dafür verwendet, um uns der verborgenen Abläufe unseres Geistes bewußter zu werden. Wir sind jedoch auch schon mit dem

„größeren Bild“, dem größeren Kontext von Meditation in Berührung gekommen, Erinnerst du dich noch an die Übung, wo du dazu aufgefordert wurdest, die Energie deinen Körper hinauf- und herabfließen zu lassen, um dich mit der Erde unten und dem Himmel oben zu verbinden? Dies kann Meditation für uns bewirken: Sie kann unser Bewußtsein umpolen und uns auf diese Weise wieder mit Himmel und Erde verbinden, was unserem ursprünglichen Zustand als Seelenwesen entspricht.

Wir sind auch über die Grenzen der westlichen Psychologie hinausgegangen und haben den Geist nach dem System des Sankhya-Yoga erforscht, das zwischen Manas, dem Sinnesgeist, und Buddhi, dem Seelengeist, unterscheidet. Bisher haben wir hauptsächlich die verschiedenen Ebenen und Formen von Manas untersucht und auf welche Weise Manas die Basis für die spaltende Kraft von Ahamkara darstellt. Wir haben gesehen, wie diese Eigenschaft des Ego-Prinzips in der Welt des Habenwollens innerlich und äußerlich wirksam ist und zu Zersplitterung und Getrenntheit führt. Wir haben auch erfahren, wie dieser Prozeß uns auf die Kraft der Abstoßung weg von Gott ausrichtet und für Zwecke des Konsums genutzt wird, was zu dem vollgestopften inneren Raum des psychologischen Treibhauses führt. Das Modell der Chakras hat uns bei dem Verständnis geholfen, wie dies mit der Blockierung des Energieflusses in unserem Körper zusammenhängt und wie diese Blockaden auf der Ebene des Geistes aufgelöst werden können, damit wir uns wieder mit unserem höheren Selbst verbinden können. Schließlich haben wir mit Hilfe der westlichen Kognitiven Psychologie den konditionierenden Charakter des Sinnesgeistes untersucht und wie durch diesen Anhaftungen und Gewohnheiten verfestigt werden.

Diese Untersuchungen haben wir anstellen können, weil unser Geist die wunderbare Fähigkeit besitzt, sich selbst beobachten zu können. Kein anderer Sinn vermag dies: Das Sehvermögen kann das Sehen nicht sehen, der Geschmack kann das Schmecken nicht schmecken, das Gehör kann das Hören nicht hören – aber das Denkvermögen kann sich Gedanken über das Denken machen. Wir haben daher die Möglichkeit, den Sinnesgeist von einer Position aus zu beobachten, die jenseits von ihm liegt. Diese Position ist Buddhi, die Intelligenz oder der innere Geist der Seele, den wir auch als „Ich“, das Zentrum reinen Selbst-Gewahrseins, bezeichnet haben. Von dieser Position aus hast du dieses Buch gelesen und dich nach und nach für eine andere Ebene des Gewahrseins und des Wissens öffnen können. Wir können jedoch mit unserem Denken die Gedanken nicht völlig transzendieren. Dafür müssen wir noch einen Schritt weitergehen und unseren Atem nutzen, der uns durch das Denken des äußeren Geistes zum zeitlosen Heiligtum des inneren Geistes führen kann.

Wir werden nun den Sinnesgeist weiter aufschlüsseln und herausfinden, auf welche Weise Sinneserfahrungen zu Anhaftung und Suchtverhalten führen. Dies wird uns zeigen, weshalb der Sinnesgeist so leicht mißbraucht werden kann und warum Yoga empfiehlt, die Energie von den Sinnen zurückzuziehen. Damit wir verstehen, wie der Sinnesgeist arbeitet, werden wir die Sexualität und Süchte als Beispiele verwenden. Wir werden erkennen, daß es gut wäre, die Lebensenergie von unseren Sinnen zurückzuziehen, wenn wir unsere individuelle und kollektive evolutionäre Aufgabe erfüllen möchten, uns dem Mitgefühl unseres Herzens zu öffnen.

Kapitel 6

Die Sinnlosigkeit der Sinne

Nach den Lehren des Yoga kommt die Energie, die unseren Körper und unsere Sinne auflädt, aus der kosmischen Lebensenergie und gelangt durch die *Medulla oblongata* in den Körper hinein; dieser Punkt liegt hinten am Kopf, wo die Wirbelsäule in den Schädel eintritt, und er ist direkt mit dem Ajna-Chakra zwischen den Augenbrauen verbunden, wo wir uns in der Meditation konzentrieren. Die kosmische Lebensenergie wird dann vom Kopf aus durch die verschiedenen Chakras entlang der Wirbelsäule und von dort aus in unsere Sinne, Organe und Gliedmaßen verteilt. In der Meditation bewegen wir die Lebensenergie in die entgegengesetzte Richtung – von den Sinnen und der Peripherie des Körpers in die Wirbelsäule und nach oben in die spirituellen Energiezentren im Kopf. Die Seele erfahren wir, wenn die Lebensenergie im Gehirn und in der Wirbelsäule zentriert ist.

Die kosmische Lebensenergie hält uns eher am Leben als die Nahrung. Yogananda erklärt dies damit, daß ein Toter nicht sehen kann. Wenn wir jedoch lebendig sind, dann sind unsere Sinne mit Lebensenergie aufgeladen, und wir können sehen, hören, fühlen, riechen und schmecken. Ein Toter wird auch dann nicht wieder lebendig werden, wenn man viel Nahrung in ihn hineinstopft.

Wir können erkennen, wie in der Treibhauswelt die meiste Lebensenergie ständig von Wunschobjekten durch die Sinne nach außen gezogen wird, wodurch wir uns von der Seele entfernen. In ihren Extremformen können diese Sinnesanhaftungen dann zu Süchten werden.

Wie der Sinnesgeist funktioniert

Nachfolgend der Bericht, wie mein Patient Peter in einen Teufelskreis des Sinnesgeistes geriet, der ihn in Suchtverhalten und Depression hineinführte:

Peter hatte sehr viel an seiner Depression gearbeitet, die dadurch ausgelöst worden war, daß seine Freundin ihn kurz vor der geplanten Hochzeit verlassen hatte. Einige Monate vorher hatte Peter angefangen, Sex mit Prostituierten zu haben. Seine Freundin wußte nichts davon. Heute, viele Jahre später und mit einer neuen Freundin, hat er immer noch Sex mit Prostituierten. Gewöhnlich ruft er eine Agentur an, die für ihn den Hausbesuch einer Prostituierten arrangiert. Danach schämt er sich immer und ist fest entschlossen, es nie mehr wieder zu tun, doch innerhalb von ein paar Wochen baut sich das Verlangen gewöhnlich wieder auf. Erneut führt er dann sein genau festgelegtes Ritual durch, telefonischen Kontakt zu der Agentur aufzunehmen, sich ein bestimmtes Mädchen auszusuchen, darauf zu achten, daß sein Auto nicht in der Nähe seines Hauses geparkt ist, falls seine Freundin ihn unerwartet besuchen könnte. Immer hat er dabei den Hintergedanken, daß es auf ein weiteres Mal nicht mehr ankommen und er danach definitiv damit aufhören würde. Der ganze Prozeß macht ihn immer depressiver. Außerdem hat er damit angefangen, eine Sucht nach pornographischen Websites im Internet zu entwickeln.

Der Sinnesgeist funktioniert nach dem Lustprinzip. Selbst rationales Denken dient im allgemeinen diesem Prinzip, und wir können uns nicht darauf verlassen, daß es uns weiter in die Bereiche der Seelenintuition führt. Deshalb muß sogar der rationale Geist hinterfragt werden. Wir brauchen ihn jedoch nicht dazu anhalten, er solle gefälligst „emotionaler“ werden, sondern er muß im Hinblick darauf diszipliniert werden, was er für vernünftig halten sollte. Zum Beispiel könnte dein rationaler Geist es für völlig in Ordnung halten, wenn du jeden Samstag eine Flasche Whisky trinkst, zumal du während der übrigen Woche gewöhnlich nur fünf Schoppen Bier pro Abend trinkst. Schließlich tut es dir gut, wenn du dir am Ende eines harten Arbeitstages einen Drink gönnst, und die Wochenenden sind ja ohnehin zum Entspannen da. „Es geht nur darum, sich gut zu fühlen“, suggeriert dir dein rationaler Geist, und du bist davon überzeugt, daß es im Leben genau darum geht.

Wir wollen nun untersuchen, was in diesem Fall „sich gut fühlen" bedeutet. Dein Geist signalisiert dir, daß es ihm ein gutes Gefühl gibt, wenn er als Folge der Menge an Alkohol ein anderes Spektrum von Sinneseindrücken erlebt. Wenn der Sinnesgeist „sich gut fühlen" definiert, stehen immer die Sinne im Mittelpunkt. Es ist völlig klar, daß du bei dem genannten Beispiel deinen Geist disziplinieren müßtest. Wie aber würdest du das anstellen? Ich kann mich an viele Patienten erinnern, die ganz eindeutig regelmäßig viel zu viel tranken. Häufig konnten sie jedoch keinerlei Grund dafür erkennen, damit aufzuhören, und mit Disziplin allein wäre es auch nicht getan gewesen. Dein Sinnesgeist braucht also eine andere Art von Rationalität – eine Rationalität, bei der nicht die Sinne im Mittelpunkt stehen, damit die Disziplin greifen kann. Deshalb versuchen wir, ein anderes Verständnis von uns selbst und von unserem Geist zu entwickeln, damit nach und nach eine Rationalität, die in der Intelligenz der Seele begründet ist, jene Rationalität ersetzen kann, die von den Sinnen gelenkt wird. Dies kann nur schrittweise geschehen, weil man sich so leicht in der Gedankenwindung „sich gut fühlen" in einer Welt verfängt, wo Anhaftungen und Süchte an der Tagesordnung sind. Wir müssen dieses „Looping" verstehen, wenn wir es überwinden wollen.

Wünsche sind Gewohnheiten der Sinne, die sich auf der Ebene des Geistes und der Vorstellungen manifestieren. Paramahansa Yogananda erklärt dies in der folgenden Weise:

Wenn der Geist sich an einen Sinneseindruck heftet, entwickelt er eine entsprechend angenehme Vorstellung im Gehirn. Diese angenehme Vorstellung über einen Sinneseindruck führt dann dazu, daß jemand seine Erfahrungen mit diesem Sinneseindruck wiederholen möchte. Durch die ständige Wiederholung eines Sinneseindrucks wird auch eine Wiederholung der mit ihm korrespondierenden angenehmen Vorstellung im Gehirn hervorgerufen. Diese liebgewonnene Vorstellung wird dem Gehirn eingeprägt und im Denken als geistige Gewohnheit fixiert. Diese geistige Gewohnheit – entstanden aus der Wiederholung einer angenehmen Vorstellung, die sich aus einem Sinneseindruck entwickelt hat – ist die Ursache für die Anziehungskraft von Sinneseindrücken. Genauso wie jeder mehr oder weniger in seine eigenen Vorstellungen über die Dinge verliebt ist, ob sie nun richtig sein mögen oder nicht, so mag auch der Geist seine eigene persönliche Sammlung von auf den Sinnen beruhenden geistigen Gewohnheiten. [Ein angenehmer Sinneseindruck] ist [nichts anderes als] eine Vorstellung, die einer anderen Vorstellung gefällt.[31]

Vorstellungen, die Vorstellungen gefallen, die wieder anderen Vorstellungen gefallen … und so setzt es sich immer weiter fort. Es läßt sich leicht ausmalen, wie das psychologische Treibhaus in unseren Köpfen aussieht. Wenn erst einmal Aufeinanderfolgen und Zirkelschlüsse von Vorstellungen entstanden sind und sich zu Gewohnheiten verfestigt haben, können neue vergnügungssüchtige Vorstellungen und Handlungen die Gedankenketten zu komplexen Systemen einer geistigen Pseudo-Realität erweitern. Bruchstücke von Empfindungen und Erinnerungen, die in unserem Geist durch angenehme Vorstellungen über auf ihnen beruhende Sinneseindrücke und Aktivitäten miteinander verbunden sind, lassen nur immer weitere Vorstellungen und Verhaltensweisen entstehen, um die betreffenden Sinneseindrücke zu wiederholen. Wir werden von einer unheilvollen Verbindung aus Empfindungen und Gedanken über diese Sinneseindrücke angetrieben.

Dieses System schließt auch unsere bewußten und unbewußten Erinnerungen ein. Der Geist besitzt nämlich ein die Sinne befriedigendes Gedächtnis, das ihm überaus gut gefällt. Also möchte er die sinnliche Situation wieder erschaffen, welche die Erinnerung daran zuerst entstehen ließ. Daher werden Schritte unternommen, um jene Situation oder geistige Prägung neu zu erschaffen. Je unklarer oder vager die Erinnerung ist, desto mehr kann die ersehnte Situation oder geistige Prägung von der ursprünglichen Erfahrung abweichen und die Sehnsucht des Geistes nur noch oberflächlich und vorübergehend befriedigen. Dies trifft vor allem dann zu, wenn es sich um tief im Unbewußten sitzende Erinnerungen handelt. Sobald dann die gleiche Konstellation für die Sinne nochmals hergestellt wurde, bildet sich eine neue Erinnerung, wodurch die ursprüngliche Erinnerung verstärkt wird. Bestimmte Muster und Prägungen entwickeln sich zu einem karmischen Impuls. Wir müssen hier auch den holographischen Charakter des Gedächtnisses berücksichtigen, was bedeutet, daß sogar Erinnerungsfetzen, so dunkel und verschwommen sie auch sein mögen, immer noch versuchen werden, die vollständige Erinnerung zu vermitteln. Auch erstreckt sich die erinnerte Konstellation auf das ganze Gehirn und erschafft eine Realität, die mit jeder Wiederholung intensiver wird und sogar eine Verbindung mit anderen Aspekten unseres holographischen Seins herstellen kann, wie zum Beispiel mit dem kollektiven Unbewußten und dadurch auch mit anderen Menschen.

Wie wir bereits wissen, stehen Erinnerungen im Geist auch für das Erd-Element, den Gegenpol der wahren raumhaften Natur des Geistes. Im Hinblick auf die Chakras ist Erde das Element des Muladhara- oder Wurzelchakra, von wo aus wir uns weiter zu den höheren Ebenen bewegen müssen. Die starke Einbeziehung der Sinneserinnerungen bei der Entstehung von Anhaftungen und Süchten des Sinnesgeistes kann daher erklären, wie sinnliche Anhaftungen dazu führen, daß der Geist starr an etwas festhält und nicht mehr im Fluß ist.

Deshalb ist es so wichtig, die Lebensenergie von den Sinnen – die Sinneserinnerungen eingeschlossen – zurückziehen. Es durchschneidet dieses ewige Wiederholungsmuster des Geistes: Erinnerung – eine Erinnerung mögen – eine bestimmte Sinneskonstellation wieder erschaffen – die holographische Erinnerung verstärken – die Realität intensivieren. Und es unterbricht den Kreislauf an der einzigen Stelle, wo dies möglich ist. Wir können unsere Erinnerungen nicht verändern, aber wir können damit aufhören, sie zu verstärken und immer wieder neue hervorzubringen. Wir können verhindern, daß geistige Muster aus der Vergangenheit die Realität für die Zukunft erschaffen. Dies gelingt uns, wenn wir den Prozeß, unsere Erinnerungen zu bestätigen und zu verstärken, in der Gegenwart unterbrechen. Bei der Meditation und dem Zurückziehen der Lebensenergie von den Sinnen geht es also nicht bloß um eine Art von abstrakter Entsagung, sondern darum, eine Zukunft zu schaffen, die nicht völlig durch die Vergangenheit mit ihren bewußten und unbewußten Anteilen bestimmt wird.

Das System des psychologischen Treibhauses fordert uns jedoch dazu auf, das genaue Gegenteil zu tun. Insbesondere die Werbung hat es darauf abgesehen, tiefe halbbewußte und unbewußte Sinneserinnerungen zu stimulieren, und selbst Seelenerinnerungen werden in Sinneserinnerungen verwandelt, damit sie bestimmend für unser Handeln werden. Wir lernen nicht nur die spezifischen Einzelheiten, sondern auch den Prozeß selbst und sind dazu erzogen, angenehmen Sinneserinnerungen zu vertrauen und sie ständig zu verstärken.

Die dunkle Seite der Sexualität

Sex kann leicht zu einer Sucht werden. Nachfolgend ein Beispiel von einem meiner Patienten:

Robert hatte vieles in der Therapie durchgearbeitet, um seine Depression zu überwinden, die hauptsächlich durch Streß bei der Arbeit und durch Probleme in seiner Beziehung mit Stephen ausgelöst worden war. Robert hatte eine sehr zynische Haltung gegenüber der Promiskuität von vielen ihrer homosexuellen Freunde und mochte Stephens recht lockere Einstellung zur Sexualität nicht. Robert hatte den Eindruck, daß seine und Stephens Ansichten über das Leben und ihre Zukunft sich auseinanderentwickelten. Dann beschloß er eines Tages, Sex mit einem viel jüngeren Mann zu haben, der ihn und Stephen besuchte. Obwohl er nicht das Gefühl hatte, daß es „etwas ganz Tolles" sei, begann er sich geheimen Phantasien über diesen jungen Mann hinzugeben und hatte auch zum allerersten Mal sexuelle Kontakte in Schwulen-Chatrooms im Internet.

Roberts Beispiel zeigt, wie leicht Sex als Ablenkung dienen kann; wie er als Waffe eingesetzt werden kann; wie er uns dazu treiben kann, gegen besseres Wissen und unsere eigenen Wertvorstellungen zu handeln; und wie er zu Suchtverhalten führen kann. Deshalb ist Sex die machtvollste und am leichtesten konditionierbare Aktivität des Sinnesgeistes.

Die Sexualität schließt eine äußerst intensive Energetisierung der Sinne des Riechens, Schmeckens, Fühlens, Sehens und Hörens ein. Bei der sexuellen Erregung wird die Lebensenergie in einem solchen Maße in die Sinne gezogen, wie es sonst nur bei der „Kampf-oder-Flucht"-Reaktion auf lebensbedrohliche Situationen möglich wäre. Sehr stark sinnlich erregt zu sein bedeutet auch, hochgradig empfänglich für Konditionierung zu sein, das heißt, im Geist werden machtvolle Sinneserinnerungen geschaffen und, sofern es sich um angenehme Erinnerungen handelt, wird ein heftiges Verlangen nach einer Wiederholung dieser Erfahrung fest installiert. Im Falle von sehr stark besetzten unangenehmen Sinneserfahrungen kann es zu einer Zwangsvorstellung werden, ähnliche Situationen zu vermeiden, was zu Zuständen wie Angststörungen, Depression und Zwangsneurosen führen oder diese verstärken kann.[32]

In unserer Welt des Habenwollens wird der starke Wiederholungsdrang, der durch die sexuelle Besetzung der Sinne erzeugt wird, im allgemeinen als etwas Positives angesehen, und daher bietet sich die sinnliche Erregung durch sexuelle Reize dazu an, für Marketingzwekke genutzt zu werden. Andererseits wird die mit Angst verbundene Besetzung der Sinne als etwas Negatives angesehen, und auch das Vermeiden oder Fehlen von Angst wird dazu genutzt, um Dinge, Lebensstile und Dienstleistungen zu verkaufen.

Kurz zusammengefaßt, ist der innere Prozeß, Lebensenergie nach außen in die Sinne zu ziehen, mit der Gewohnheit des Geistes verbunden, Sinneserinnerungen als Handlungspläne zu speichern, die entweder etwas wiederholen oder vermeiden sollen. So funktioniert der Sinnesgeist. Die extremen Auswirkungen davon äußern sich in Süchten und Ängsten. Beide werden dazu benutzt, um Dinge in der Treibhauswelt zu verkaufen, wodurch die Aktivitäten des Sinnesgeistes in Verbindung mit Sinneserinnerungen weiter verstärkt werden.

Hungrige Babys

Aber sind wir denn nicht zutiefst davon überzeugt, daß Sex gut für uns ist? Es heißt schließlich, daß verdrängte Sexualität zu allen möglichen emotionalen Dramen führen kann. Es wird von uns erwartet, ein erfülltes Sexualleben zu haben, und wenn dem nicht so ist, dann sollten wir besser einen Sexualtherapeuten aufsuchen. Ist die sexuelle Liebe nicht die höchste Form von Vertrautheit? Befreit sie nicht von Streß und Spannung? Und ist es nicht toll, daß wir uns gut dabei fühlen?

Diese Einstellungen gegenüber der Sexualität zeigen, wie unkritisch die meisten von uns unsere Anhaftung an Sinnesbefriedigung akzeptieren. Es ist sehr schwer, über diese Denk- und Sichtweise hinauszugehen, ohne für prüde und etwas weltfremd gehalten zu werden. Verdrängte Sexualität ruft Bilder von Geistlichen hervor, die kleine Jungen mißbrauchen oder auch junge Mädchen vergewaltigen. Wir möchten also freizügig sein und ein gesundes Sexualleben haben. Vielleicht sehen wir die sexuelle Ekstase sogar als Weg zur spirituellen Erfüllung. Die Freiheit, dem Ruf der Sinnesfreuden zu folgen, ist zum Idol für uns geworden.

Während die Sexualität im Viktorianischen Zeitalter unterdrückt und verdrängt wurde, scheinen wir heute von Sex besessen zu sein und den Tod – und damit auch das Leben – zu verdrängen. In unserer heutigen Kultur wird Sex mit Vitalität, Stärke, Lebendigkeit gleichgesetzt und gilt dadurch als Absicherung gegen Altern und Tod. Sex dient als die ständig wiederholte Versicherung, daß das Leben „ewig" und die vollkommene Verschmelzung mit einem anderen Menschen, mit etwas jenseits von unserem begrenzten persönlichen Ich, möglich ist. In gewissem Sinne schließt Sex viele spirituelle Konnotationen ein. Weniger bewußt ist uns jedoch, daß es sich dabei auch um den vergeblichen Versuch handeln kann, die Intimität, die der Säugling mit seiner Mutter nicht hatte, wiederzuerlangen.

Ohne allzusehr auf die komplexen Einzelheiten von psychoanalytischen Modellen einzugehen, können wir uns unschwer vorstellen, wie wichtig die frühe Bindung zwischen Mutter und Kleinkind ist. In diesem Bereich macht das Baby seine ersten Erfahrungen mit Beziehungen und Intimität und lernt vor allem, was es bedeutet, es selbst zu sein. Wir können uns also vorstellen, wie schwierig das sein kann. Die Mütter sind oft nicht auf ein völlig von ihnen abhängiges Geschöpf vorbereitet und fühlen sich davon überfordert. Sie können den Eindruck haben, als müßten sie ihr „Ich" aufgeben und für das Baby opfern. Heimlicher Groll, Ambivalenz und übertriebenes Bemuttern können sich leicht in diese frühe Beziehung einschleichen. Es passieren Fehler, an denen niemand „schuld" ist. Trotzdem verbringen die Babys, deren Bedürfnisse nach Intimität nicht erfüllt werden, oft den Rest ihres Lebens mit dem Versuch, die Defizite aus jenen lebenswichtigen frühen Wochen, Monaten, Jahren auszugleichen.

Beziehungen und vor allem Sex können dann zu dem Schauplatz werden, wo der Erwachsene versucht, seine frühe Kindheit zu kompensieren. Das kann für alle Betroffenen sehr verwirrend werden. Die einstigen Babys suchen als Erwachsene weiter nach Erfüllung und Glückseligkeit in ihren Beziehungen, die sie jedoch niemals finden – und wenn doch, dann nur vorübergehend, wodurch der Wunsch nach MEHR geweckt wird. Ihre Partner sind vielleicht auf einer ähnlichen Suche oder bestürzt über die unersättlichen Bedürfnisse des anderen, seine Ambivalenz und Untreue. Das Beziehungsdrama ist in vollem Gang. Neue Babys werden in alte ungelöste Dramen hineingeboren, und neue erwachsene „hungrige Babys" wachsen nach.

Wir scheinen heute in einer Welt voller erwachsener hungriger Babys zu leben. Sex und Konsumhaltung sind ein wesentlicher Bestandteil davon, weil hungrige Babys nach Intimität verlangen und gefüttert werden möchten – und insbesondere sexuelle Reize bieten sich da als Lockmittel an. Daher haben wir heute eine unheilige Allianz aus hungrigen Babys und einer Weltwirtschaft, die auf hungrige Konsumenten angewiesen ist. Die Werbeindustrie, die mächtig und reich genug ist, um sich die intelligentesten und kreativsten Köpfe der Welt leisten zu können, hat die Aufgabe, den Hunger zu erkennen und zu nutzen, ihn aufrechtzuerhalten und weiteren Hunger zu erzeugen. Das macht sie gut und auf die genial versteckte Art und Weise von „geheimen Verführern". Überall dringen sorgfältig getextete, gestaltete und präsentierte kommerzielle Botschaften in unsere unbewußten Bedürfnismuster hungriger Babys ein. Doch es ist nicht allein die Werbung – auch die Sensationsberichte in der Boulevardpresse, die Halbwahrheiten und Horrorgeschichten dienen als Stimulans für mehr Angst und Hunger.

Sex ist zum Brennpunkt für viele dieser unerfüllten Bedürfnisse nach Intimität und vertrautem Kontakt geworden, und zwar deshalb, weil er so viel Sinnesenergie einschließt, das Bedürfnis nach Wiederholung, das Potential für permanenten Hunger und Sucht, die Flucht vor Angst und Tod.

Das Hungrige-Baby-Verhalten ist wichtig in der Welt des Habenwollens, besonders die unersättlichen Wünsche, die sich nie erfüllen lassen, sondern statt dessen zu dem Wiederholungsdrang führen, der schließlich zur Sucht werden kann. Unbewußte, unerfüllte (und unerfüllbare) Bedürfnisse nach Intimität sind dafür ideal geeignet. Wir könnten Spekulationen darüber anstellen, daß es viele äußere Bedingungen in unserer Treibhauswelt gibt, die an dieser fortgesetzten Reproduktion des „Hungrigen-Baby-Syndroms" mit beteiligt sind. Alle diese Bedingungen lassen eine tiefe emotionale Unsicherheit in den Menschen entstehen und erhalten diese aufrecht – wie ein kollektives schwarzes Loch, das ständig aufgefüllt werden muß, doch nie verschwindet. Viele unserer heutigen familiären Verhältnisse, wie überlastete Eltern, gescheiterte Ehen, mangelnde soziale Unterstützung und tiefe Überlebensängste, tragen dazu bei.

Die Beziehung von Mann und Frau

Durch die Unsicherheit über die Geschlechterrolle in unserer Kultur hat sich das Syndrom von hungrigen und zornigen Babys sehr verstärkt. In den letzten Jahren ist vor allem das Rollenverhalten und Selbstbild von Männern ziemlich durcheinandergeraten. Das Image eines Humphrey Bogart oder eines John Wayne als „starken Männern" in den fünfziger Jahren scheint heute überholt zu sein. Aber wodurch ist es ersetzt worden? Die Darstellungen von Männern, die uns heute in der Werbung und in den Medien präsentiert werden, neigen zu Extremen: Sie schwanken zwischen der Idealisierung von jungen Helden aus der Welt des Fußballs und der Popmusik einerseits und dem Lächerlichmachen von traurigen, überarbeiteten, schlaffen, nörgelnden, impotenten Sexomanen mittleren Alters andererseits. Es fällt nicht schwer, sich vorzustellen, welchem Ideal Jungen nacheifern wollen. Einen Mittelweg zwischen diesen beiden Extremen scheint es nicht zu geben; väterliche Typen, ältere weise Männer kommen in den Medien quasi nicht vor. Während Frauen sich zum Glück behauptet haben und weitgehend gleiche Rechte, Unabhängigkeit und Status erlangen, haben Männer viele ihrer traditionellen Rollen eingebüßt, vor allem als die älteren weisen Männer mit der Funktion, Jungen in das Mannsein zu führen.

Diese Unsicherheit über die männliche Rolle hat eine Generation von jungen Männern hervorgebracht, die nicht wissen, wie sie mit ihrer Männlichkeit umgehen und diese zum Ausdruck bringen sollen. Sie sind mit negativen Männerbildern einerseits und unrealistischen Idealen andererseits konfrontiert. Gleichzeitig werden sie tagtäglich mit immer eindeutigeren sexuellen Darstellungen in der Werbung und in den Medien bombardiert. Ich frage mich, welche Wirkung diese Darstellungen, vor allem von verführerischen jungen Mädchen, auf pubertierende junge Männer haben, die versuchen, mit ihrer sexuellen Energie klarzukommen.

Meiner Meinung nach hat die Unsicherheit über die männliche Rolle und Identität auch zu Unsicherheit in den Beziehungen zwischen Männern und Frauen geführt. Unterbewußte Erwartungen und Projektionen, die gewöhnlich mit den frühen Beziehungen zu unseren Eltern zusammenhängen, können leichter zu Gefühlsausbrüchen führen, weil sie nicht mehr durch klare geschlechtsspezifische

Erwartungen aufgefangen werden. Das soll nicht heißen, daß die alten traditionellen Geschlechterrollen gut waren. Für Frauen waren sie dies sicherlich nicht und mußten deshalb auch verändert werden. Doch wie so oft, wurde auch hier vielleicht das Kind mit dem Bade ausgeschüttet.[33]

Wir wollen uns nun anschauen, was Yoga darüber zu sagen hat. Eine mögliche Betrachtungsweise wäre, die Unterschiede zwischen den Geschlechtern vollständig zu ignorieren mit der Begründung, daß wir alle im Verlauf unserer Inkarnationen in vielen Leben Männer oder Frauen gewesen sind. Das mag stark vereinfachend klingen, aber es ist mehr daran, weil es auf unser Seelenpotential hinweist, über geschlechtsspezifische Zuordnungen hinauszugehen. Männer wissen sehr gut, was das bedeutet: Für sie ist es leicht, Frauen als Sexobjekte zu sehen – ganze Industriezweige der Vermarktung und Pornographie gebrauchen und mißbrauchen diese schlichte Tatsache. Sobald jedoch eine Seelenverbindung zwischen einem Mann und einer Frau existiert, ist die Frau in erster Linie kein Sexobjekt mehr für den Mann. Etwas Größeres kann dann zum Rahmen für die sexuellen Energien werden.

Die andere yogische Betrachtungsweise würde die Vereinigung zwischen Mann und Frau als die Vereinigung des universellen männlichen und weiblichen Prinzips sehen, wobei das Männliche für Verstand und das Weibliche für Gefühl steht. Diese Vereinigung würde dann die vollkommene Rationalität und die vollkommene Emotionalität erzeugen – oder die dringend erforderliche Synthese von Wissen und Liebe, von Geist und Herz.

Anstatt jedoch die geschlechtsspezifischen Unterschiede aufzulösen und das große Potential zu erkennen, das in der Vereinigung des Männlichen und des Weiblichen liegt, werden wir mit rein sinnlichen sexuellen Verlockungen für Männer wie für Frauen geradezu überschwemmt. Dadurch wird tief im Unterbewußtsein das Hungrige-Baby-Verhalten verstärkt und aufrechterhalten, was für Männer und Frauen gleichermaßen bedenklich ist. Aber stellen wir uns bloß einmal das Gegenteil vor: Wäre es nicht herrlich, wenn wir keine Welt von hungrigen Babys hätten, sondern echte Partnerschaft und Harmonie?

Die Sexualität ist die mächtigste Energie der Dualität und der Täuschung – sie könnte sogar als ihre treibende Kraft gesehen werden.

Sie ist der stärkste Drang und auch Schmerz, der unsere Lebensenergie dort draußen in den Sinnen festhält, und daher kann sie uns daran hindern, nach innen zu gehen und uns spirituell weiterzuentwickeln. In unserer gegenwärtigen Kultur wird die Sexualität leider viel zu sehr dafür benutzt, um den Kräften der Spaltung, Zersplitterung und Abstoßung anstatt jenen Kräften zu dienen, die nach Vereinigung und Einssein streben. Nach den Lehren des Yoga muß die Sexualität ein Teil der Herzensaktivität sein oder, mit anderen Worten, die niederen Chakras müssen durch die höheren Chakras vergeistigt werden, wenn es uns mit dem spirituellen Weg ernst ist.

Das Svadisthana- oder Sakralchakra enthält unsere sexuellen Energien und gilt auch als Sitz von unaufgelösten unterbewußten und karmischen Energien – und damit als Sitz von Angst und Beunruhigung. Wir haben bereits darüber gesprochen, wie wichtig der ungehinderte Energiefluß entlang der Wirbelsäule und durch die Chakras für die spirituelle Entwicklung ist und wie die Welt des Habenwollens das Manipura- oder Nabelchakra verstopft. Wir können nun das Svadisthana-Chakra hinzufügen und uns bewußtmachen, wie die Energie auch in diesem Chakra festsitzt, was zu einer ständigen hintergründigen Angst führt. Die Energie bewegt sich nicht nach oben, sondern findet vorübergehende Befreiung in sexuellen Äußerungen. Im Hinblick auf die Elemente sitzen wir hier auf der Ebene des Wassers fest, wodurch das Feuer (Manipura) ausgelöscht wird, das so notwendig für den freien Energiefluß nach oben ist.

Der Kampf des Sinnesgeistes oder „Einmal ist keinmal"

Wenn wir beschlossen haben, eine alte, schädliche Gewohnheit aufzugeben, sagt der Geist oft: *Nur noch ein einziges Mal etwas ausprobieren; nur noch ein einziges Bier; nur noch eine einzige Sauftour; nur noch eine einzige wilde Nacht durchmachen; nur noch ein einziges Mal diese oder jene geheime Lieblingsphantasie ausleben. Die Disziplin kann morgen anfangen.*

Dieses „*Einmal ist keinmal und dann hören wir auf*" ist die verlockende Stimme der alten Sinnesgewohnheiten, die ihre Position verteidigen oder versuchen, sich wieder einzuschmuggeln. *Von morgen an wirst du ein anderes Leben führen. Auf heute kommt es daher eigentlich nicht an, es zählt noch nicht.* Wir können davon überzeugt werden, daß ein einziges weiteres Mal tatsächlich nicht soviel ausmacht. Schließlich ist doch die Absicht entscheidend, oder?

Wenn wir dieser Stimme folgen, handeln wir uns leider wieder den ganzen Schlamassel ein. „Einmal ist keinmal" kann es bis zu unserem Tod heißen. Solange wir von der Position des „Einmal ist keinmal" aus denken und handeln, sind wir in dem Glauben, eine hellere Zukunft zu haben. Wir gaukeln uns vor, daß Vollkommenheit und Glück jederzeit greifbar sind, wenn wir nur wollen. Da wir der Meinung sind, mit den alten schädlichen Verhaltensweisen jederzeit aufhören zu können, kann uns dies auch die Illusion von Macht und Kontrolle geben.

Diese Einstellung birgt noch eine weitere Gefahr. Mit der Versicherung „Einmal ist keinmal" konzentrieren wir uns stark auf die Vergangenheit, die wir ja hinter uns lassen wollen, und auf die Zukunft, von der wir hoffen, daß sie irgendwie und irgendwann einmal besser werden wird. Wir machen uns vor, daß der gegenwärtige Augenblick gar nicht zählt. Yoga betont aber, daß nur der gegenwärtige Augenblick zählt, und viele Meditationsübungen zielen darauf ab, diesen gegenwärtigen Augenblick voll und bewußt zu erleben, weil nach den Lehren des Yoga darin die Ewigkeit liegt.

Auf dieser Stufe mögen wir intuitiv durchaus wissen, daß wahres Glück nicht durch die Sinne gefunden werden kann und versuchen daher, den Verzicht auf suchtartige Sinnesfreuden noch etwas länger hinzuziehen. Jedes Nachgeben nach dem Motto „Einmal ist keinmal" erhöht jedoch die Intensität des Sinnenverlangens und hinterläßt stärkere Spuren im Gedächtnis. Später stellen wir dann fest, wie unsere ansatzweise aufgeblühte Disziplin und unsere Seelenqualitäten uns abhanden kommen und, erstickt unter dem Gewicht neuer Sinneseindrücke, nur noch eine blasse Erinnerung sind. *Ich schaffe es ohnehin nicht und könnte genausogut klein begeben und das Ganze aufgeben.* Die Sinne haben die Oberhand behalten. *Vielleicht kann ich nur so weit in meinem Leben gehen* – wir resignieren und akzeptieren, daß das Leben nun einmal so ist. Dann ist das Credo „Einmal ist keinmal" zu der Einstellung „Es kommt sowieso nicht darauf an" geworden. Wir sind wieder vom Weg abgekommen und waten erneut im zähen Schlamm und Sumpf der Verzweiflung umher.

Wenn wir dann in unserer Verwirrung einen Realitätstest machen, kann uns das noch weiter verwirren, weil die Realität unserer Umwelt die Einstellung „Einmal ist keinmal – kommt sowieso nicht darauf an“ , die sich schon in unserem Geist festgesetzt hat, nur bestätigt. Scheinbar hat die Realität hauptsächlich damit zu tun, unsere Sinne zu reizen und zu erregen – und zwar am liebsten alle gleichzeitig. Überall umgeben uns verführerische Aufforderungen wie „Na, komm schon!“ oder „Sei lebendig und mach mit“ – und bleib immer weiter und weiter und weiter hungrig, bis du stirbst! Wir können dann nur noch hoffen, daß das Alter uns eine gewisse Erleichterung bringen wird, wenn die Sinne sich allmählich zu schließen beginnen und wir alt und weise sein können. Dies scheint der einzige Bereich zu sein, wo unsere Kultur Weisheit akzeptiert. Andererseits aber blickt man in der Welt der Sinne auf das Alter herab und bemitleidet es.

Die geistige Einstellung „Einmal ist keinmal – kommt sowieso nicht darauf an“ kann letztlich nur zu Depression führen. Am Ende, nach Phasen von starker Sinneserregung, wird das psychische Pendel zu Lethargie und Depression zurückschwingen.

Alkohol und Sex haben hier als Beispiele gedient, um zu verdeutlichen, wie Sinnesanhaftungen und Süchte entstehen und wie sie mit dem Treibhaussystem verwoben sind. Andere Sinnesanhaftungen, wie Eßlust, Einkaufsrausch und Glücksspiel, folgen ähnlichen Mustern. Du wirst hoffentlich auch erkannt haben, auf welche Weise der *normale* Geist eng mit den Sinnen verknüpft ist und an den Anhaftungen hauptsächlich durch Sinneserinnerungen und den sich daraus ergebenden Drang nach Wiederholung solcher vergnüglicher Erfahrungen festhält. Selbst wenn wir glauben, eine bestimmte Anhaftung oder Sucht überwunden zu haben, formiert sich oft das ganze Heer der Sinne neu und setzt sich nach Art des *„Einmal ist keinmal“* zur Wehr. Dieser Kampf ist sehr eindrucksvoll in der *Bhagavad-Gita* beschrieben:

Allein der Mensch ist weise,
Der die Selbstbeherrschung wahrt! Wenn man
Über Sinnesobjekte nachdenkt, entsteht daraus
Anziehung; aus Anziehung erwächst Begehren;
Begehren entflammt zu heftiger Leidenschaft;
Leidenschaft erzeugt Unbesonnenheit; dann

Läßt die Erinnerung – völlig getäuscht –
Jeden edlen Vorsatz fallen und schwächt den Geist,
Bis Vorsatz, Geist und Mensch zugrunde gerichtet sind.[34]

Die „Loopings" deines Geistes erkennen

In diesem Kapitel hast du vielleicht einige deiner geistigen „Loopings" entdeckt. Wie du bei der Übung „Identifizierungen auflösen" *(siehe Seite 114f.)* erfahren hast, gibt es eine Möglichkeit, wie du deine Gedanken ganz direkt beobachten kannst. Auch bei der Achtsamkeitsmeditation auf den Atem *(siehe Seite 90f.)* und bei der Übung „Deine geistigen Muster identifizieren" *(siehe Seite 110f.)* hast du praktiziert, der Beobachter zu sein. Die Achtsamkeit auf den Atem lehrt dich, deine Aufmerksamkeit auf den Atem zu konzentrieren und sie dort zu lassen. Deine Atmung dient sozusagen als Anker für deine Aufmerksamkeit. In dieser Übung praktizieren wir Achtsamkeit auf das Denken. Dabei beobachtest du objektiv, wie die Gedankenmuster in deinem Geist entstehen.

Nimm dir genügend Zeit für diese Übung, mindestens 15 Minuten, möglichst mehr. Setze dich in einer Meditationshaltung hin und schließe die Augen. Führe die Dreiecksatmung (siehe Seite 89) aus, um deine Atmung und deinen Geist zur Ruhe zu bringen.

Richte deine Aufmerksamkeit dann einige Minuten lang auf deine Atmung (siehe „Achtsamkeit auf den Atem", Seite 90f.). Achte darauf, daß du deine Aufmerksamkeit und Konzentration von dem Punkt zwischen den Augenbrauen (Ajna-Chakra) aus lenkst.

Richte deine Aufmerksamkeit nun auf jegliche körperlichen Anspannungen und Belastungen, die vorhanden sein könnten. Entspanne diese Empfindungen dadurch, daß du dich auf sie konzentrierst, in die angespannten Körperbereiche hineinatmest und die Spannung aus ihnen herausatmest.

Werde nun zu einem aufmerksamen Beobachter deiner Gedanken. Warte einfach darauf, daß Gedanken in deinem inneren Raum auftauchen. Du konzentrierst dich voll und ganz auf die Gedanken und Bilder, die dir in den Sinn kommen. Vielleicht wird es dir helfen, wenn du dir vorstellst, daß deine Gedanken auf einer riesigen Filmleinwand vor dir ablaufen und du im Kino sitzt und deine Gedanken auf der Leinwand anschaust.

Beobachte einfach nur mit voller Aufmerksamkeit – Gedanken, die in deinem Geist auftauchen und wieder verschwinden, andere Gedanken, die frühere ersetzen, mal langsam, mal schnell. Manchmal sind die Gedanken miteinander verbunden, manchmal nicht. Mal sind sie mehr wie Bilder oder Erinnerungen, mal eher wie Worte. Manchmal gibt es auch emotional aufgeladene Gedanken – achte besonders auf die Emotionen, die bestimmte Gedanken mit sich führen.

Versuche nichts an den Gedanken und Emotionen zu ändern. Beobachte sie einfach voller Interesse und Konzentration. Wenn du spürst, daß du von deiner objektiven Beobachterposition abgelenkt und in Gedanken oder Emotionen hineingezogen wirst, dann lenke deine Aufmerksamkeit einige Augenblicke lang auf deine Atmung zurück und beobachte dann deine Gedanken wieder.

Achte auch darauf, daß es manchmal Lücken zwischen den Gedanken gibt – längere oder kürzere. Die Gedanken sind wie Windböen, manchmal gibt es dazwischen Lücken von Stille und offenem Raum. Nimm dies wahr und sei dir dieser Lücken bewußt.

Ist es nicht faszinierend zu beobachten, wie der Geist arbeitet? Bei dieser Übung wirst du vielleicht einige der „Loopings" oder Wiederholungsmuster deines Geistes entdeckt haben – ständig wieder auftauchende Gedanken und Emotionen oder vorgefaßte Meinungen. Du wirst vielleicht auch festgestellt haben, wie leicht du vom bloßen Beobachten abgelenkt und in das Drama des Geistes hineingezogen wirst. Alles, was du dabei über deinen Geist und deine Beziehung zu deinen Gedanken und Emotionen erfahren hast, ist wichtig. Bei dieser Meditation geht es nicht darum, einen besonderen Geisteszustand zu erlangen, sondern darum zu beobachten, was vorgeht, ohne sich in die Aktivität hineinziehen zu lassen. Mit den Worten der Psychosynthese ausgedrückt, versucht diese Übung, dich in die Position des „Ich", das Zentrum deines reinen Selbst-Gewahrseins, zu versetzen. Von dieser Position aus kannst du der Beobachter sein, und von hier aus wirst du dich auch mit deinem höheren Selbst verbinden können.

Die wichtigsten Eigenschaften des Geistes, die das Drama und die „Loopings" deines Sinnesgeistes in Gang halten, sind Anhaftung und das Gefühl, von anderen Wesen getrennt zu sein. Gerade diese Eigenschaften werden in der Treibhauswelt gefördert. Im Mittelpunkt aller yogischen und buddhistischen Meditationspraktiken stehen dagegen die genau entgegengesetzten Eigenschaften des Loslassens und des Mitgefühls für alle Wesen – dich selbst eingeschlossen. Loslassen und Mitgefühl entsprechen den höheren Gefühlsqualitäten des Herzens. Jede yogische Arbeit mit den Emotionen wird diese Eigenschaften erwecken, weil nur sie dem Gefühlsaufruhr des Sinnesgeistes etwas entgegensetzen können. In gewisser Weise muß das Herz zur „Waschmaschine" für die Emotionen werden.

Kapitel 7

Anhaftung und Mitgefühl

Anhaftung

Hier im Westen wird unsere Einstellung gegenüber unseren Emotionen von der Überzeugung beherrscht, daß Emotionalität im wesentlich etwas Positives ist. Wie häufig wird uns geraten, mehr auf unsere Gefühle zu hören, weniger kopflastig zu sein und ein offenes Herz zu haben. Gewöhnlich möchten wir unsere schlechten Gefühle dann loswerden und nur noch die guten behalten. So aber kann es nicht funktionieren, erklären die Lehren des Yoga. Die Gesetze der Dualität sind auch für den emotionalen Bereich noch gültig, so daß gute ohne die kontrastierenden schlechten Emotionen nicht einmal vorstellbar sind. Emotionen an sich sind weder gut noch schlecht, sondern ihrem innersten Wesen nach die Gefühlsqualität des Herzens und Ausdruck von Energie. Gewöhnlich spüren wir diese fließende Essenz reiner Emotion aber nie, weil das Anhaften des Ego an Emotionen sie mit Gedanken und Erinnerungen verbindet und dadurch in feste, erdhafte Strukturen verwandelt. Wir agieren dann auf der Grundlage scheinbar felsenfester emotionaler Tatsachen. Aus unserer Untersuchung des Geistes, der Treibhauswelt und des Yoga dürften wir jetzt verstehen, warum und auf welche Weise es zu diesem Festhalten und Anhaften an Emotionen kommt.

Nach den Aussagen des Yoga ist es äußerst wichtig, daß wir den Geist zur Ruhe bringen – und dazu gehören die Emotionen, gute wie schlechte. Gewöhnlich verhält es sich damit so, als würden wir auf einer Schaukel sitzen und hin und her von Freude zu Schmerz und wieder zurück schwingen. Sobald wir Freude erreicht haben, zieht uns die Bewegung der Schaukel wieder in die andere Richtung zurück, auch wenn wir sie gerne in dieser Position anhalten wollen. Wenn wir dann am anderen Ende Schmerz erreichen, setzen wir unsere ganze Anstrengung hinein, um die Schaukel wieder vorwärts in die Richtung von Freude zu stoßen. Auf diese Weise bewegen wir uns ständig hin und her – vor und zurück. Eigentlich wollen wir aber nach oben an den Drehzapfen oder Angelpunkt der Schaukel gelangen, wo Stille und Frieden ist. Dafür müssen wir jedoch zuerst die Schaukel anhalten und genau in der Mitte am Punkt des vollkommenen horizontalen Gleichgewichtes stillstehen lassen. Wenn dieser Stillstand in der Mitte unbewußt passiert, erleben wir ihn meist als gähnende Langeweile. Yoga und Meditation sind geeignet dafür, uns dabei zu helfen, unser gewohnheitsmäßiges Hin- und Herschaukeln bewußt und zielstrebig anzuhalten. Die Gegensatzpaare werden uns zwar in diesem Leben erhalten bleiben, doch wir können es schaffen, mehr und mehr in jener vollkommenen Mitte zwischen allen Gegensätzen zu ruhen, von wo aus wir nach oben zum höheren Selbst gelangen können. Das bedeutet Loslassen. Die Anhaftung aufgeben und loslassen ist ein sehr wichtiger Gedanke in der spirituellen Praxis, den wir genau verstehen müssen.

Anfangs könnten wir vielleicht das Gefühl haben, es sei etwas Negatives, von allem losgelöst zu sein. Bedeutet es denn nicht, zu kalten und gefühllosen Menschen zu werden? Nimmt es unserem Leben nicht die Leidenschaft? Wir wollen uns genauer mit diesen Fragen beschäftigen und versuchen, die Bedeutung von Loslassen und Mitgefühl zu verstehen, wie sie von Buddha und den Veden vermittelt wurde.

In gewissem Sinne ist dies ein neues Buch über eine alte Geschichte. Diese Geschichte wurde vor mehreren tausend Jahren in den Veden erzählt, und Buddha hat sie vor etwa 2500 Jahren berichtet. Heute hört eine wachsende Anzahl von Menschen überall auf unserem Planeten dieser Geschichte über Loslassen und Mitgefühl wieder zu. Unsere Anhaftungen sind erneut auf einem Höhepunkt angelangt, und es scheint wenig Zeit oder Raum für Mitgefühl zu existieren – genauso wie vor zweieinhalb Jahrtausenden im Gangestal, als Gautama Buddha zu lehren begann.

Die Veden und Buddha lehren, daß wir, um unsere wahre menschliche Natur zu verwirklichen, unsere Anhaftungen loslassen und unser Mitgefühl für uns selbst und andere vergrößern müssen. Dies steht im Widerspruch zu der Art und Weise, wie wir heute unsere Beziehungen gestalten. Anhaftungen, das Festhalten an Besitz und Menschen, das Ansammeln von immer mehr mit stetig zunehmender Geschwindigkeit sind zu unserem Lebensstil im Treibhaus geworden. Mitgefühl ist zu Leidenschaft reduziert worden – die heftige Gefühlsbesetzung, die mit Anhaftung einhergeht.

Die Veden und Buddha erklären, dies sei im Widerspruch zu unserer wahren menschlichen Natur und rufe Neid, Habgier und Gewalt hervor. Unsere Welt des Habenwollens und des Konsums ist ein anschauliches Beispiel für diese Wahrheit.

Ist dies kein schöner Gedanke, daß dies *nicht unsere wahre Natur* sei? Wir sind nur in Täuschung und Unwissenheit befangen, wie es in den Veden und bei Buddha heißt. Unwissenheit über die wahre Natur des Universums und unser eigenes Wesen hat zu dem Chaos und Elend geführt, die uns erfüllen und umgeben. Wie aber finden wir einen Weg aus der Unwissenheit heraus?

Buddha führte zwei Stufen der Lehre ein; die eine war für seine Mönche, die andere für Laienanhänger oder „Haushälter" bestimmt. Die Mönche meditierten viel und strebten danach, alle weltlichen Anhaftungen aufzugeben. Für Laien wurde dies als nicht praktikabel angesehen; deshalb wurden sie vor allem in einer moralischen Lebensführung unterwiesen. Ähnlich verhält es sich auch mit den Yoga-Lehren. Wir haben heute aber andere Voraussetzungen als früher: Mehr Menschen können die Zeit für intensive Meditationspraxis aufbringen und dadurch besonders lästige und schädliche psychische Anhaftungen aufgeben, ohne gleich ins Kloster gehen zu müssen. Hierfür sind auch die Lehren von Paramahansa Yogananda wichtig. Er entwickelte einen Yoga für den Westen, der mehr auf „inneres Verzichten" als auf ein klösterliches Leben abzielt. Dieser innere Zustand wird durch differenzierte Techniken der Yoga-Meditation erreicht. Wir können sehr viel tun, um unser Leben zu verändern, selbst wenn wir unsere weltlichen Verpflichtungen nicht völlig hinter uns lassen wollen.

Auch wenn es ziemlich unwahrscheinlich ist, daß wir den Zustand völligen Nicht-Anhaftens und umfassenden Mitgefühls erreichen, den die erleuchteten Meister und Heiligen erlangt haben, können wir uns doch ein Stück darauf zu bewegen, unsere wahre menschliche Natur zu verwirklichen und zu leben. Hindus und Buddhisten behaupten, daß uns dies einen besseren Ausgangspunkt für die nächste Inkarnation geben wird. Wenn dieses Ziel zu illusorisch sein sollte, dann schlage ich vor, daß es uns dabei helfen wird, ein glücklicheres, beständigeres und menschlicheres Leben zu führen. Dies wird auch durch die neuesten Forschungen zum Thema „spirituelle Intelligenz" bestätigt.

Spirituelle Intelligenz

Robert Emmons, Professor für Psychologie an der University of California, hat ein bahnbrechendes Buch mit dem Titel *The Psychology of Ultimate Concerns – Motivation and Spirituality in Personality*[35] geschrieben. Durch neueste Forschungen gestützt, führt er gute Gründe für ein spirituell ausgerichtetes Leben an. Danach sollen spirituelle und religiöse Menschen alles andere als weltfremd, sondern glücklicher und gesünder sein, eine harmonischere Ehe führen und besser mit Traumata und inneren Konflikten fertig werden. Die Psychologie hat nachgewiesen, daß das Festhalten an unvereinbaren Zielen und Wünschen eine Hauptursache für menschliches Unglück ist und häufig zu Streß und Krankheit führt. Spiritualität scheint gegen dies wie eine Impfung zu wirken, indem sie den Menschen dabei hilft, durch die Integration des Selbst auch ihre Ziele zu integrieren.

Es existiert eine starke Verbindung zwischen persönlichem Wohlergehen und einem Interesse für das Spirituelle. Der ‚Glaubensfaktor' trägt auf signifikante Weise zu Indikatoren für Lebensqualität bei, wie zum Beispiel Zufriedenheit mit dem Leben, Glücklichsein, Selbstachtung, Hoffnung, Optimismus und Sinngebung im Leben.[36]

Emmons legt nahe, daß Religion und Spiritualität uns angesichts der ständigen umweltbedingten und kulturellen Zwänge, die Zersplitterung und Konflikt hervorbringen, mit einer vereinigenden Lebensphilosophie, Integration und Stabilität versehen.

Wie aber kann das funktionieren? Wie kann Spiritualität uns in unseren alltäglichen Existenzkämpfen beistehen und sogar Ängste und Depressionen verhindern? Wie können wir unsere Probleme dadurch intelligenter und besser lösen, daß wir Spiritualität in unser Leben einbeziehen? Wie kannst du selbst spirituelle Intelligenz entwickeln? Die Antwort heißt: durch die Entwicklung einer regelmäßigen Meditationspraxis.

Das Glücksgefühl und die Stabilität, die du durch spirituelle Intelligenz erlangen kannst, sind ganz anders als das Glücksgefühl und die Stabilität, wonach der Sinnesgeist strebt, denn sie rühren von Nicht-Anhaftung und Mitgefühl her. Aber richtet sich das nicht gegen etliche unserer feststehenden Glaubenssätze? Wir sind einer solchen Gehirnwäsche ausgesetzt, daß wir glauben, Glück und Stabilität hätten mit Sicherheit und Schutz, Grenzen setzen und unseren Raum verteidigen zu tun – alles Dinge, die Anhaftungen erfordern und offensichtlich nicht förderlich für Mitgefühl sind.

Das bedeutet, daß wir mit unseren Emotionen anders umgehen und besonders unsere Einstellung zu unseren Emotionen verändern müssen.

Emotionen und Karma

Im Osten ist seit Jahrhunderten viel über Yoga geschrieben worden. Die mündliche Überlieferung reicht wahrscheinlich Tausende von Jahren zurück. Im Westen wurde und wird viel über Emotionen geschrieben – im Bereich der Psychologie und in den zahlreichen Fachrichtungen der Psychotherapie. In gewissem Sinne ist die Psychotherapie zum westlichen *Yoga der Emotionen* geworden. Bestimmte Modelle, Richtlinien und Verfahren sind entstanden, um Emotionen zu *verarbeiten.* Emotionalität, das heißt die Äußerung von Emotionen, wird im wesentlichen als etwas Positives betrachtet und ihre Verarbeitung mittels therapeutischer Methoden nur dann für notwendig gehalten, wenn der Ausdruck oder auch Nicht-Ausdruck von Emotionen als destruktiv für das Individuum und/oder sein Umfeld angesehen wird. Depression, Aggression, Gewalttätigkeit und Angstzustände sind Beispiele dafür. Wir alle können bestätigen, daß sich diese Emotionen negativ auf uns auswirken und daß etwas dagegen unternommen werden sollte.

Yoga hat eine andere Betrachtungsweise. Hier wird Emotionalität nicht als etwas Positives betrachtet, sondern vielmehr als eine Ablenkung von dem wichtigeren *spirituellen Weg.* Emotionen werden als Erscheinungsformen des äußeren oder Sinnesgeistes gesehen, die unsere Anhaftung an die Welt der Materie und Täuschung aufrechterhalten. Der dem Yoga gemäße Weg des Umgangs damit wäre auf die Beherrschung der Emotionen durch Disziplin und Meditationspraxis gerichtet, um das Hin- und Herpendeln zwischen Freude und Schmerz zu beenden. Übermäßige Emotionalität, wie Depression, Aggression oder Angst, würde als Auswirkung von *negativem Karma* gesehen, das durch *falsche Handlungen* in diesem und/oder früheren Leben geschaffen worden ist. Damit trägt das Individuum im wesentlichen selbst die Verantwortung für seine gefühlsbedingten Kämpfe und Leiden.

Diese *karmische* Sicht unterscheidet sich sehr von der Art und Weise, wie die westliche Psychologie die Verantwortung für gefühlsbedingtes Leiden mehr oder weniger lange zurückliegenden Ereignissen zuschreibt. Häufig beziehen sich diese vergangenen Ereignisse auf Kindheitserlebnisse und Vorfälle, die sich dem Einfluß des Individuums entzogen, wie beispielsweise traumatische Erfahrungen in der Kindheit, die zu verdrängten Emotionen führen und präverbale unbewußte Gefühls-, Denk- und Verhaltensmuster hervorbringen, die später den Erwachsenen quälen. Die Psychotherapie ist dann bemüht, diese unbewußten Muster zum Vorschein zu bringen und bewußtzumachen, damit sie zurückgelassen werden und konstruktivere psychologische Muster an ihre Stelle treten können.

Wir haben bereits erfahren, wie nützlich diese Herangehensweise ist *(siehe das Kapitel „Elemente des Geistes“)*, die schon vielen Menschen geholfen hat und noch hilft. Im Vergleich damit könnte die Herangehensweise des Yoga, den komplexen Gefühlsaufruhr von emotionalen Kämpfen gar nicht erst anzuerkennen, sogar naiv erscheinen. Für uns steckt jedoch etwas Erfrischendes und fast *Neues* in der östlichen Betrachtungsweise, die Emotionen als Erscheinungsformen von jenem Teil des Geistes zu sehen, der uns an dieser Welt der Vergänglichkeit und Materie festkleben läßt.

Es gibt auch noch ein paar recht drastische Ansichten über Karma und frühere Leben. Immer mehr Menschen möchten wissen, wer oder was sie in früheren Leben waren. Die Rückführungstherapie verwendet Hypnosetechniken, mit denen Menschen durch frühere Leben geführt werden. Das klingt zwar aufregend, wird aber im allgemeinen nicht von spirituellen Lehrern empfohlen. Es ist nur dann von Nutzen, wenn bestimmte Gefühlsmuster und -blockaden vorhanden sind, die auf eine solche Vorgehensweise ansprechen.

Die Konzentration auf Karma und frühere Leben kann auch zu einer gleichgültigen Haltung führen: Du verdienst, was du bekommst, weil du es selbst in früheren Leben geschaffen hast. Eine solche Sichtweise kann leicht zu Schuldzuweisungen führen – und Schuld ist keine spirituelle Qualität, sondern gehört in den Bereich des Ego.

Hier wollen wir Karma jedoch als einen Impuls sehen, der dadurch erzeugt worden ist, daß wir eine falsche Wahl getroffen haben – gleichgültig, ob in diesem oder in früheren Leben. Sobald wir uns unzählige Male für Selbstsucht, Habgier und Neid entschieden haben, erzeugt sich dieser Impuls von selbst. Karma kann hier als machtvoller Konditionierungsprozeß verstanden werden. Am Ende haben wir das Gefühl, daß wir nichts daran ändern können. Der einzige Ausweg aus diesem Impuls besteht darin, von nun an die richtige Wahl zu treffen. Dafür brauchen wir spirituelle Praktiken, wie die Meditation, und den Glauben daran, daß wir uns selbst von alten Mustern befreien können. Dadurch erzeugen wir einen neuen Impuls, der schließlich den karmischen überwinden wird.

Wenn wir Karma so sehen, gibt uns dies sehr viel Verantwortung für unsere Handlungen und betont auch nachdrücklich, daß wir den freien Willen haben, uns anders zu entscheiden, eine andere Wahl zu treffen. Das bedeutet auch, daß Ereignisse und andere Menschen zu einem Spiegel für uns werden können, Wenn wir sie dagegen als ursächlich für unsere heftigen Gefühlsreaktionen sehen und tadelnd und rachsüchtig reagieren, verpassen wir die Gelegenheit, etwas über unsere tief verwurzelten (karmischen) Muster zu lernen und unterlassen damit, eine andere Wahl zu treffen. Besonders heute, in den frühen Stadien des Dvapara-Yuga, haben wir das Potential, den Weg des Selbst-Gewahrseins einzuschlagen, wozu es gehört, die Verantwortung für unsere Handlungen zu übernehmen und daraus zu lernen – wenn wir nicht an dem groben „Schuld und Strafe“-Muster aus den dunklen Zeitaltern festhalten wollen.

Karmische Muster erkennen

„Warum ist mir das nur wieder passiert?“ Kennst du auch dieses Gefühl? Bestimmte Konflikte und Probleme tauchen einfach wiederholt während des ganzen Lebens auf. Es scheint sich dabei um Muster zu handeln, die sich durch unser Leben ziehen.

Schließe deine Augen und führe ein paarmal die Dreiecksatmung aus, damit deine Atmung sich verlangsamt und dein Geist ruhig wird. Scanne dann dein Leben nach Problemen durch, die wiederholt aufgetreten sind. Handelt es sich um Probleme im Bereich von Beziehungen, Erfolg oder Scheitern, Arbeit, Beendigung, Veränderung, Autorität, Süchten oder etwas anderem? Oder kannst du besondere Emotionen erkennen, wie Zorn, Eifersucht, Gier, Mangel an Selbstvertrauen, oder andere, die immer wieder aufgetaucht sind? Denke einige Augenblicke lang einfach über diese wiederholten Herausforderungen nach, die dir das Leben immer wieder präsentiert hat.

Erkenne an, daß es sich dabei um dein karmisches Muster handeln könnte, und stelle dir selbst die folgende Frage: Wenn dein Leben eine Unterrichtsstunde in einem Klassenzimmer wäre, worin würde diese Lektion dann bestehen?

Beende diese Meditation damit, daß du allen Personen und Situationen dankst, die den Spiegel für dich hochgehalten haben, damit du deine Lektion sehen und erkennen kannst.

Vielleicht wirst du während dieser kurzen Reflexion keine klare Antwort auf diese Frage erhalten, kannst aber zumindest ein Gefühl für diesen Kampf in deinem Leben bekommen. Und vielleicht kannst du auch damit anfangen, deinen Kampf neu zu definieren als deine Aufgabe.

Nicht-Anhaftung

Wir haben das Loslassen von Anhaftungen bereits in früheren Kapiteln unter psychologischen Gesichtspunkten untersucht. Zu Formen der Nicht-Anhaftung gehören die Beobachtung unserer Gedanken und Emotionen, ihre Analyse, die Achtsamkeit auf die Atmung. Robert Emmons betrachtet Selbstbeherrschung als eine der wichtigsten spirituellen Qualitäten. Bei der Nicht-Anhaftung geht es darum, das Arbeiten des Geistes zu beherrschen, anstatt von ihm beherrscht zu werden. Damit ist in gewisser Hinsicht das wichtigste Thema dieses Buches angesprochen. Durch das Lernen und Erfahren von verschiedenen Modellen des Geistes löst du dich von den alten gewohnten

Geleisen. Du kannst das gesamte Treibhaus nur betrachten, wenn du nicht vollständig drinsteckst.

Damit wir von unserem tieferen inneren Gefühl für das Richtige und dem Gewissen unserer Seele aus eine Wahl treffen, müssen wir die heftigen emotionalen Neigungen der Welt des Habenwollens loslassen können. In unseren Kursen beginnen wir gewöhnlich mit einer kurzen Reflexion, die dies verdeutlichst. Sie wird hier verändert als Reflexion für dich wiedergegeben.

Loslassen

Geh in Gedanken alle Dinge durch, die bisher an diesem Tag (oder am vorangegangenen Tag) geschehen sind: was du getan, gefühlt, gedacht, erlebt hast, alle inneren und äußeren Vorkommnisse deines persönlichen Tages.

Richte dann deine Aufmerksamkeit auf deine Atmung. Beobachte, wie die Luft beim Einatmen nach innen kommt und beim Ausatmen wieder nach außen geht. Kontrolliere deine Atmung nicht; laß sie einfach geschehen und beobachte sie. Laß deine Aufmerksamkeit der vollen Dauer der Einatmung und der vollen Dauer der Ausatmung folgen. Du folgst deinem Atem von Augenblick zu Augenblick.

Laß dann mit jedem Ausatmen die Gedanken und Gefühle über deinen Tag los. Schließlich ist dieser Tag nun vorbei, er existiert nicht mehr. Alles, was existiert, bist du, hier und jetzt, während du deinen Atem ganz im gegenwärtigen Augenblick beobachtest. Beim Ausatmen läßt du die Anhaftungen deines Geistes an die Vergangenheit los.

Achte auch darauf, wie dein Geist vielleicht versuchen wird, an Gedanken und Gefühlen der Vergangenheit festzuhalten. Beobachte einfach nur, wie dein Geist dies versuchen könnte.

Gewöhnlich berichten die Teilnehmer an unseren Gruppen bei dieser Übung sowohl von Erleichterung als auch von einem großen „Aber ...“. Sie empfinden Erleichterung darüber, weil sie den Geist von allen Erinnerungen und Sorgen des Tages befreien und mehr offenen Raum in ihrem Geist erfahren können. Der Vorbehalt bezieht sich auf die erfreulichen Dinge, die sie erlebt haben. Sie möchten ihre angenehmen Erinnerungen nicht loslassen, was natürlich verständlich ist. Erinnern wir uns aber daran, daß wir auf einer Schaukel sitzen und zwischen Freude und Schmerz hin und her schwingen. Solange wir verzweifelt versuchen, an Freude oder angenehmen Erfahrungen oder Erinnerungen festzuhalten, werden wir versuchen, die Schaukel in dieser Position zu halten. Schließlich aber wird sie sowieso zur anderen Seite zurückschwingen. Haben wir denn nicht gelernt, wie in der Welt des Habenwollens dieses verzweifelte Bedürfnis, an lustvollen Erfahrungen festzuhalten oder sie neu zu erschaffen, uns im Zustand von hungrigen Babys halten kann?

Loslassen, unsere Anhaftungen aufgeben fällt uns ziemlich schwer. Aber vergessen wir nicht, wir streben hier keine vollständige innere und äußere Entsagung an. Wir wollen nur etwas mehr inneres Losgelöstsein erreichen. Dafür müssen wir als erstes unsere Anhaftungen in Frage stellen. Genau dies ist Sinn und Zweck aller bisherigen Übungen gewesen.

Wir können jetzt nachvollziehen, weshalb eine gewisse Loslösung, eine Bewegung nach innen, zu jenem Ort der Stille, dem inneren Heiligtum, zum Seelengeist vielleicht auch für unser Leben recht nützlich sein könnte. Es wird uns dabei helfen, aus der allgemeinen Hetzjagd, aus der Welt des Habenwollens, aus unserem psychologischen Treibhaus herauszukommen. Es wird uns auch dabei helfen, daß wir beginnen, unsere wahre Natur zu erkennen, indem wir unseren Geist auf die Anziehungskraft zum vereinigenden Bewußtsein hin ausrichten, anstatt weiterhin durch die Kraft der Abstoßung gespalten und zersplittert, ja auseinandergerissen zu werden.

Wir erkennen nun, warum und auf welche Weise wir so starke Anhaftungen an Menschen, Objekte und Ideen entwickeln können: weil nämlich der äußere oder Sinnesgeist auf genau diese Weise funktioniert. Er möchte weg von der erschreckenden Vorstellung des unbegrenzten Raumes und hinein in die Sicherheit von fester und beständiger Materie. Er befaßt sich hauptsächlich mit der Aufnahme von Eindrücken durch die fünf Sinne, die eng mit den fünf Elementen verknüpft sind. Wie bereits erwähnt, schließt der Geist die feinstofflichen Formen aller fünf Elemente ein, doch die wahre Natur des Geistes ist selbst subtil. Heilung und Reinigung des Geistes, sozusagen eine spirituelle Vergeistigung hat zur Folge, daß die feinstoffliche Natur des Geistes durch die Reinigung von seinen grobstofflichen Elementen Erde (Ego) und Wasser (Emotionen) wiederhergestellt wird. Der gereinigte oder innere Geist besteht aus der Qualität von Luft, die Transformation, Bewegung und unbedingtes Bewußtsein verkörpert. Die dem inneren Geist zugrundeliegende Qualität ist Äther oder Raum. Der dazwischenliegende Geist, der Türhüter zwischen innerem und äußerem Geist, wird vom Feuer der unterscheidenden Intelligenz beherrscht. Wasser versinnbildlicht die emotionale Natur des äußeren Geistes, der zwischen Neigungen und Abneigungen, Anziehung und Abstoßung, Ängsten und Wünschen hin und her schwankt. Mit dieser Eigenschaft des Wassers versucht das Ego, sich in der Welt der Materie zu etablieren. Dies geschieht durch die Sinne, weshalb der äußere Geist auch als Sinnesgeist bezeichnet wird.

Geistige Heilung bedeutet, mehr offenen Raum im Geist zu schaffen. Glückseligkeit ist unbegrenzter Geistesraum, während Kummer und Sorge eingeschränkter Geistesraum ist. Meditation will den Geistesraum erweitern oder zu der ursprünglichen Qualität des Geistes, dem offenen Raum, zurückführen. Es kann sich als schwierig erweisen, die festen oder grobstofflichen Elemente im Geist loszulassen, weil wir dafür so viele unserer gewohnten Muster in Frage stellen müssen.

Im gegenwärtigen Augenblick leben

Dieser Prozeß des Loslassens hat noch einen anderen wichtigen Aspekt. In den meisten Meditationsübungen wirst du dazu aufgefordert, im Jetzt zu sein – im gegenwärtigen Augenblick und nirgendwo sonst. Das ist wichtig, weil unsere Anhaftungen und Gedanken, besonders die emotional aufgeladenen, die Eigenschaft haben, unsere Aufmerksamkeit vom gegenwärtigen Augenblick wegzulenken.

Die Emotionen ziehen uns in die Vergangenheit zurück, sie können die Vergangenheit sogar wieder lebendig werden lassen. Wie unangenehm oder lästig dies bisweilen auch sein mag, kann es trotzdem eine gewisse Illusion von Ewigkeit erzeugen, weil die Vergangenheit zumindest noch zu existieren scheint. Emotionen, die uns mit der Vergangenheit verbinden, werden gewöhnlich dann auch zu den Filtern, durch die wir die Zukunft sehen. Mittels der Emotionen baut das Ego eine Brücke zwischen Vergangenheit und Zukunft – häufig unter Umgehung des gegenwärtigen Augenblicks. Doch gerade in diesem gegenwärtigen Augenblick liegt die Ewigkeit, heißt es im Yoga. Das Ego wird ganz von dem Gedanken an Vergangenheit und Zukunft beherrscht, im wesentlichen also vom Ablauf der Zeit. Nach den Lehren des Yoga ist Zeit Illusion – Realität und Ewigkeit spielen sich dagegen in den Lücken zwischen Gedanken und Emotionen ab. Das Tor zu Gott liegt in der Lücke der Stille im ewigen Jetzt.

Die Loslösung von den Emotionen, die uns an die Vergangenheit gebunden halten und unsere Zukunft nachhaltig beeinflussen, ist wichtig für die Meditation. Das scheint besonders relevant in unserer Welt des Habenwollens zu sein, wo wir ständig von der Vergangenheit verfolgt werden und uns Sorgen um die Zukunft machen, so daß wir kaum jemals voll und ganz bei der Sache sind, die wir gerade tun. Wenn wir voll und ganz da sind, genau hier und jetzt, sind Frieden, Stille, Heiterkeit um uns. Die meisten von uns haben diese Fähigkeit verloren, doch wir alle kennen Menschen, die so sind, oder wir erinnern uns daran, als wir selbst einmal so gewesen sind. Durch Meditation können wir lernen, wieder so zu sein.

Die Lücke

Es gibt Lücken zwischen unseren Gedanken. Wir müssen uns dieser Lücken bewußt werden, weil wir in sie hineintreten möchten. Dort finden wir Stille, Frieden – und Gott.

Als erstes müssen wir eine solche Lücke wahrnehmen. Sie ist ohne feste Konturen, und wir können sie mit unserer Bewußtheit ausdehnen oder auch sie nicht einmal bemerken. Der Schlüssel dafür ist Aufmerksamkeit. Nimm die Lücke wahr, indem du nach ihr Ausschau hältst.

Probiere das folgende Experiment aus: Setze dich mit offenen Augen hin und betrachte ein Objekt, beispielsweise einen Baum, einen Berg oder eine brennende Kerze. Während du das Objekt betrachtest, laß deinen Geist einfach weiter denken und beobachte auch dein Denken. Halte dann nach einer Weile Ausschau nach der Lücke zwischen den Gedanken oder Bildern. Sobald du die geringste Lücke bemerkst, bestätige sie mit den Worten: „Beobachte die Lücke" oder einfach nur „die Lücke".

Spüre, wie deine Aufmerksamkeit die Lücke ganz unmerklich ausdehnt. Gib acht, ob du sie noch etwas weiter ausdehnen kannst. Wenn dir wieder Gedanken in den Sinn kommen, dann halte einfach nach der nächsten Lücke Ausschau.

In den Lücken wirst du vielleicht das Objekt, welches du betrachtest, deutlicher oder intensiver wahrnehmen können. Ebenso könntest du auch bemerken, daß deine visuelle Wahrnehmung immer dann, wenn die Gedanken zurückkehren, etwas verschwommen oder weniger intensiv wird.

Schließe nach ein paar Minuten die Augen und wiederhole die gleiche Übung mit geschlossenen Augen.

Mitgefühl

Nicht-Anhaftung, echtes spirituelles Losgelöstsein ist etwas ganz anderes als die Gleichgültigkeit des „sich um nichts mehr kümmern" oder der Rückzug in die Depression, wobei es sich um Schutzmaßnahmen des Ego handelt. Nicht-Anhaftung, Losgelöstsein im Sinne des Yoga bedeutet dagegen, sich in einem sehr tiefen Sinne zu kümmern. Spirituelle Nicht-Anhaftung läßt uns die Lebensenergie zurückgewinnen, welche durch die Sinne zerstreut und aufgesplittert worden ist. Diese Energie wird dann für unsere innere Reise zum höheren Selbst verfügbar, die das Öffnen der Chakras, vor allem des Anahata- oder Herzchakra, einschließt. Das Anahata-Chakra ist der Sitz der überpersönlichen Liebe und des höheren Bewußtseins. Wirkliche Yogis handeln von hier aus und haben die drei niederen Chakras ein für allemal hinter sich gelassen. Das Herzchakra ist mit dem Luft-Element verbunden, das für den inneren Geist der Seele steht. Hier liegt unser Potential für Veränderung, Transformation und unbedingtes Bewußtsein. Der äußere Geist der Sinne ist dagegen mit dem Svadisthana-Chakra und dem Wasser-Element verbunden, das für die Emotionen steht, die von Neigungen und Abneigungen, Ängsten und Wünschen beherrscht werden. Zwischen diesen beiden Energiezentren liegt das Manipura-Chakra, das mit dem Feuer-Element verbunden ist. Wie wir bereits herausgefunden haben, wird dieses innere Feuer dazu benötigt, damit wir uns vom äußeren zum inneren Geist bewegen können. Die geistige Distanzierung und Loslösung setzt die Lebensenergie dafür frei, um das innere Feuer zu entfachen und den Entwicklungsprozeß von Manas zu Buddhi zu erleichtern.

Nicht-Anhaftung erschließt und öffnet Raum im Geist und läßt eine andere Qualität Eingang finden. Diese Qualität ist *Mitgefühl*. Mitgefühl ist eine Öffnung des Herzens, die es uns ermöglicht, mit allem und jedem verbunden zu sein – ohne Anhaftung, ohne das Ego-Programm des Brauchens und Habenwollens. Solange wir an etwas hängen und anhaften, ist echtes Mitgefühl oder wahre Liebe nicht möglich, weil sie sich so leicht in die Liebe des Ego verwandelt, die im Grunde besitzergreifend, selbstsüchtig und eifersüchtig ist und unversehens in Haß umschlagen kann.

Mitgefühl für dich und andere entwickeln

Setze dich mit geschlossenen Augen hin und folge einige Augenblicke lang der Wellenbewegung deines Atems – wie er hineinkommt und wieder herausgeht.

Erinnere dich dann an einen Zeitpunkt, wo du aus ganzem Herzen Mitgefühl für etwas oder jemand empfunden hast. Spüre dieses Gefühl im Herzen, und atme eine Minute lang in dein Herz hinein und wieder aus ihm heraus.

Richte nun dieses aus deinem Herzen kommende Mitgefühl auf dich selbst. Empfinde es für deine Vergangenheit und für deine gegenwärtigen Kämpfe. Erinnere dich daran, wie oft du versucht hast, dein möglichstes zu tun.

Richte nun dieses aus deinem Herzen kommende Mitgefühl auf jemanden, den du gut kennst. Visualisiere diese Person und laß Mitgefühl von deinem Herzen zu ihrem Herzen fließen. Stell dir vor, wie weißes Licht aus deinem Herzen sich ausbreitet und die andere Person umgibt.

Richte dann dieses aus deinem Herzen kommende Mitgefühl auf jemanden, den du nicht gut kennst. Visualisiere diese Person und laß Mitgefühl von deinem Herzen zu ihrem Herzen fließen.

Stell dir schließlich vor, wie du dieses aus deinem Herzen kommende Mitgefühl auf die gesamte Menschheit und den ganzen Planeten richtest.

Stell dir vor, wie sich die Energie aus deinem Herzen mit dem Herzen der Menschheit und dem Herzen des Planeten verbindet.

Folge wieder einige Augenblicke lang der Wellenbewegung deines Atems und öffne die Augen.

Vielleicht hast du bei dieser Übung festgestellt, daß es dir schwerfällt, Mitgefühl auf dich selbst zu richten. Den meisten von uns fällt es weitaus leichter, Mitgefühl für andere Menschen und Wesen zu empfinden, doch wir müssen lernen, es auch wieder für uns selbst zu haben. Diese Übung hat dir vielleicht auch den Unterschied zwischen Mitgefühl und Mitleid gezeigt. Mitgefühl schließt eine große Verantwortung in sich ein, weil wir mit dem Herzen die Gefühle der Menschheit und darüber hinaus spüren können.

Nicht-Anhaftung, Hingabe und Mitgefühl

Wenn wir an dieser Stelle die Nicht-Anhaftung und das Loslassen befürworten, ist damit nicht gemeint, daß wir die Fähigkeit verlieren, an etwas festzuhalten. Es geht mehr darum, die Art unseres Festhaltens, unsere Anhaftungen selbst zu verändern. Wenn wir unsere Anhaftung von der Welt des Habenwollens zurückziehen, ziehen wir sie von der Kraft der Abstoßung und Spaltung zurück, wo sie sowieso nicht hingehört. Dann können wir sie auf die Kraft der Anziehung und Vereinigung ausrichten, wo sie in erster Linie hingehört. Eine auf diese Weise ausgerichtete Anhaftung setzt Mitgefühl und Hingabe frei, wo vorher oft Sucht und Verzweiflung war. Hingabe an das Göttliche ist nichts anderes als vertikal ausgerichtetes Mitgefühl – Mitgefühl, das hinauf zum höheren Selbst oder Gott geht.

Wenn wir in der Meditation die Lebensenergie von den Sinnen zurückziehen, wird sie für unsere Wiederverbindung mit dem höheren Selbst verfügbar; das bedeutet auch, mit der gesamten Schöpfung verbunden zu sein. Das Gefühl von Verbundensein mit der ganzen Schöpfung muß unweigerlich das Herz in Mitgefühl öffnen. Mitgefühl ist das Ausströmen des kollektiven Bewußtseins aus dem Herzen. In Mitgefühl und Hingabe lösen sich horizontale und vertikale Begrenzungen auf. Hingabe ohne Mitgefühl ist unausgewogen, da sie vom

Ego zu Arroganz und Abgehobenheit umfunktioniert werden kann. Mitgefühl ohne Hingabe ist ebenfalls unausgewogen, da sie dir das Herz brechen kann.

Kapitel 8

MindBalancing-Meditation: Die Herz-Geist-Balance

Hingabe

Meditation und Hingabe gehören zusammen. Das mag merkwürdig klingen, weil für uns im Westen Hingabe ein heikles Thema ist. Es hört sich nach Unterwürfigkeit, Ergebung, das Aufgeben unserer Individualität, unseres freien Willens, nach Schwäche an. Aber das stimmt nicht – das Gegenteil ist der Fall. Denken wir nur an unsere Süchte, unsere Anhaftungen an Sinnesobjekte, die uns nichts als Nöte und Probleme eingebracht haben und dies auch weiterhin tun werden. Diese Anhaftungen sind Ausdruck der Hingabe des Ego und des Sinnesgeistes und verursachen letztlich unsere Schwächen.

Unsere Treibhauswelt suggeriert uns, daß wir die meisten Dinge in unserem Leben in den Griff bekommen können, wenn wir nur genügend kaufen, genügend durchprobieren oder die geeigneten Fachleute zu Rate ziehen. Auf dieser Überzeugung beruht unsere Unfähigkeit, mit Krisen umzugehen, die außerhalb unserer Kontrolle liegen. Kontrolle ist ja so wichtig für uns. Probleme scheinen da zu sein, um gelöst zu werden, selbst wenn dies eine endlose Suche nach der Lösung, nach dem richtigen Gegenmittel bedeuten könnte. Die zunehmende Verfügbarkeit von Informationen im Internet nährt die Illusion: „Es gibt die Antwort, du mußt sie nur finden." Damit verlieren wir die Fähigkeit, uns zu ergeben. Dieses Sichergeben, Sichüberlassen bedeutet nicht, daß wir aufgeben, sondern daß wir darüber hinaus, nach oben gehen.

Wenn du einem spirituellen Weg folgen möchtest, mußt du an die Seele, an Gott hingegeben sein. Das aber kannst du nur, wenn du die Anhaftungen des Ego losläßt, was bedeutet, dich einer höheren Macht, deinem höheren Selbst zu überlassen. Der Prozeß des Nach-innen-Gehens, für den wir hier plädieren, bedeutet, süchtig machende Neigungen und Anhaftungen loszulassen und sie gegen den Seelenausdruck dieser Qualitäten auszutauschen – nämlich die Hingabe. Hingabe entsteht bei diesem Prozeß des Loslassens und kann dir gleichzeitig auch dabei helfen.

Wir müssen hier den Unterschied zwischen *Bhakti-Yoga*, dem Yoga der Hingabe, und *Jnana-Yoga*, dem Yoga der Erkenntnis, verstehen. Beide gehören zur Yoga-Tradition und sind zwei der Wege zur Erleuchtung. Sie sind in die Lehren von Paramahansa Yogananda integriert, und auch Vivekananda beschreibt sie als zwei von vier Yoga-Wegen. Das Buch, das du hier gerade liest, gehört offenkundig zum Jnana-Yoga, weil es sich an deinen Intellekt wendet und versucht, deine Wahrnehmungen, die Art und Weise, wie du Dinge siehst, zu verändern. Zwischen den Zeilen enthält dieses Buch aber auch Elemente des Bhakti-Yoga, weil meine Intention beim Schreiben aus dem Herzen kommt und versucht, dein Herz anzusprechen. Bhakti-Yoga umfaßt die Praxis von devotionalen Übungen, wie Verehrung, Gebet, Rezitation und Gesang, und hat das Ziel, Liebe im Herzen zu erwecken und sich für die göttliche Gnade zu öffnen.

Warum ist Hingabe dann ein derart heikles Thema für uns westliche Menschen? Vielleicht deshalb, weil die abendländische christliche Tradition Hingabe und Frömmigkeit auf Kosten von Wissen und Erkenntnis überbetont hat. Aus diesem Grunde könnte auch unser westlicher Fokus auf wissenschaftlichen Erkenntnissen als Folge unserer unterdrückten Jnana-Bedürfnisse gesehen werden – das Pendel ist zurückgeschwungen. Von diesem Blickwinkel aus ist es verständlich, daß wir uns etwas unbehaglich fühlen bei dem Gedanken an Hingabe, die wir doch hinter uns gelassen haben und die uns nun insgeheim als altmodisch oder gar „primitiv" erscheint. Gleichzeitig haben wir aber eine Situation geschaffen, wo die Hingabe an die niederen Bereiche, wie beispielsweise in Form von Trieben und Süchten, so sehr unser Leben beherrscht.

Wenn wir uns wieder dem Modell des psychologischen Treibhauses zuwenden, können wir unschwer erkennen, daß alle Eigenschaften des Überbewußtseins, wie Liebe, Schönheit und Frieden, auf irgendeine Weise mit Hingabe verbunden sind. Könnte Hingabe demnach notwendig für uns sein, um aus unserem Treibhaus auszubrechen, um den Materialismus und eine Emotionalität zu überwinden, die unsere Psyche zustopft, um uns wieder mit unserem höheren Selbst zu verbinden?

Ein zweiter wichtiger Gesichtspunkt ist hier unsere Anhaftung an Emotionen. Da die höheren Eigenschaften aus den höheren Bereichen nach unten gezogen und materialistisch geworden sind, weil sie die Hingabe verloren haben, hat unser Seelenbedürfnis nach Hingabe sich Ersatz gesucht und ihn in der Anhaftung an Emotionen und in der falschen Glückseligkeit gefunden, die durch Sinnesbefriedigung erfahren werden kann.

Es ist wichtig zu erkennen, daß zwischen Hingabe und Wissen kein Konflikt bestehen muß. Was wir brauchen, ist ein Ausbalancieren, ein Gleichgewicht zwischen beiden, und aus dieser Position versuche ich zu schreiben.

Es ist auch sehr schwer, ohne Hingabe zu meditieren, nur um einfach den Geist zu klären. Viel besser ist es, vom Herzen aus zu meditieren. Wenn du vom Herzen aus meditierst, spürst du Hingabe – Hingabe an alle Eigenschaften des Überbewußtseins, wie Liebe, Mitgefühl, Frieden und Freude. Die Energie der Hingabe geht wie ein Lichtstrahl vom Herzen aus und erreicht die Qualitäten der Seele. Hingabe und Mitgefühl sind die wesentlichen Seelenqualitäten, die sich durch das Herz ausdrücken und uns dabei helfen, den Gefühlsaufruhr des Ego zu transformieren.

Hingabe ist die Seelenerfahrung, mit dem göttlichen Geist eins zu sein. Die Seele ist und war immer mit dem göttlichen Geist völlig vereint. Dies ist ein Zustand ohne jede Begrenzung, jenseits von Zersplitterung und Individualität, jenseits von Entfremdung und Trennung.

Dieses Gefühl von Verbundenheit und Einssein ist selbst in unserem Zustand als inkarniertes Ego in der Welt der Dualität in uns vorhanden. Die Sehnsucht der Seele äußert sich oft als Anhaftung des Ego an Dingen und Menschen. Diese Anhänglichkeit könnte als eine verzerrte Ausdrucksform von Hingabe gesehen werden. Wir sind hingegeben an und verehren Bruchstücke aus der Welt der Materie bis hin zu suchtmäßiger Abhängigkeit. Unsere Fähigkeit, hingebungsvoll zu sein (oder süchtig im negativen Zustand des Ego), ist aber in hohem Maße eine Seelenqualität. Letztlich ist Sucht nichts anderes als eine verkümmerte, tamasische Form der sattvischen Sehnsucht. Wir haben bereits gehört, wie so viele sogenannte neurotische Zustände als starke Ausdrucksformen von grundlegenden Seelenqualitäten angesehen werden können.

Hingabe ist *die* grundlegende Seelenqualität, ebenso wie Anhaftung und Sucht ihre problematischsten Erscheinungsformen in der Welt des Ego sind. Wir haben uns schon mit der Verbindung zwischen Anhaftung und dem Syndrom des „hungrigen Babys" beschäftigt. Hungrige Babys sehnen sich nach Liebe. Hingabe und Liebe sind dasselbe.

Die meisten psychologischen Probleme resultieren aus einem Mangel an Liebe. Liebe ist die Kraft, die das Leben lebenswert macht ...[37]

Doch ebenso wie Vollkommenheit, Furchtlosigkeit und Glück verdreht das Ego auch die Liebe völlig. Liebe, eine Eigenschaft der Seele und eine Eigenschaft Gottes, soll die wichtigste Kraft in unserem Universum sein. Wenn wir einen anderen Menschen lieben, dann ist es Gott in uns, der Gott in dem anderen liebt. Diese Liebesverbindung existiert oft am Anfang von Beziehungen, wird dann aber nach und nach durch die Bedürfnisse des Ego nach Anhaftung pervertiert, und die göttliche Liebe wird durch Forderungen, Eifersucht, Bedürftigkeit und Angst befleckt.

Yogananda sagt, daß wir alle verlorene Kinder sind, die keine wirkliche Liebe finden können, solange wir von der göttlichen Liebe getrennt sind. Diese weise Aussage kann uns ein Gefühl von Erleichterung geben: Erleichterung darüber, nicht mehr der „vollkommenen Liebe" in menschlichen Partnern, in Liebesromanzen, in der Sexualität oder in Besitztümern nachjagen zu müssen. Diese Erkenntnis kann aber auch Angst hervorrufen, denn schließlich haben die meisten von uns den Großteil ihres Lebens mit dem Versuch verbracht, das gähnende Loch in ihrem Inneren durch die Suche nach idealen Bedingungen oder Menschen zu füllen, die das Leben vollkommen machen würden. Unsere Energie ist in Beziehungen, Karrieren, Hypotheken und die Ansammlung von Konsumgütern hineingeflossen. Dieses Sichabmühen ist für uns normal, weil jeder andere es offenbar ja genauso macht. Das Leben scheint sich darum zu drehen, die vollkommene Liebe zu finden. Doch Yogananda erklärt, daß wir an der falschen Stelle danach suchen.

Wenn wir anfangen, uns durch Meditation von der Welt der Materie zu distanzieren, bewegen wir uns in Richtung der Seele und des göttlichen Geistes. In diesem Prozeß führt uns die Erfahrung von Einheit nach und nach von Anhaftung und Habsucht zu einem reineren Gefühl von Liebe und Hingabe. Wenn wir die Seelenqualität der Hingabe in der Meditation und in unserem Alltagsleben bewußt einsetzen, können wir diesen Prozeß unterstützen.

Wie aber können wir Hingabe bewußt zum Ausdruck bringen – besonders dann, wenn wir uns schon bei dem Gedanken daran ziemlich unbehaglich fühlen? Das Göttliche kann in Gestalt von vielen verschiedenen Namen und Formen verehrt werden; es kommt eigentlich nicht darauf an, ob als Vater, Mutter oder Freund. Die meisten Religionen verwenden eine personalisierte Form Gottes, weil die dadurch entstehende Beziehung die direkteste ist. Auch die folgenden Vorschläge könnten jedoch hilfreich für dich sein:

Wenn die ganze Idee eines persönlichen Gottes unvorstellbar für dich ist, dann laß jegliche Form fallen. Konzentriere dich auf Unendliche Glückseligkeit, Unendliche Intelligenz, Allgegenwärtiges Bewußtsein, wenn das glaubwürdiger für dich ist …

Denke an Gott nicht als ein Wort, als einen Fremden oder als jemanden hoch oben im Himmel, der darauf wartet, über dich zu richten und dich zu bestrafen. Sieh Ihn so, wie du selbst gesehen werden möchtest, wenn du Gott wärest.[38]

Den letzten Hinweis halte ich für besonders hilfreich, weil wir eigentlich ja danach suchen, uns mit dem Göttlichen in uns zu verbinden. Wenn es uns einmal gelungen ist, diese innere Verbindung herzustellen, können wir Göttlichkeit in allen Dingen und auch jenseits von ihnen erkennen. Dann können wir uns in einer seelenhaften Weise sogar selbst lieben.

Wir wollen es noch einmal zusammenfassen:

- Hingabe ist die höchste Seelenqualität, in der die überpersönliche Liebe zu Gott in uns, in der ganzen Schöpfung und über die Schöpfung hinaus zum Ausdruck kommt.
- Hingabe ist die aus der Seele stammende Wurzel für die Süchte und Anhaftungen des Ego in der Treibhauswelt.
- Die Transformation unserer Süchte und Anhaftungen führt uns zur Hingabe an das Göttliche.

- Wir sollten Hingabe bewußt als Herzensenergie in und außerhalb der Meditation einsetzen, um uns mit dem Göttlichen in und außerhalb der Materie zu verbinden.
- Ein spiritueller Weg ohne Hingabe bringt die Fallen von Ehrgeiz und Stolz mit sich. Hingabe an ein persönliches Gottesideal weckt eine natürliche Neigung zu Demut und Dienen.

Das Umfeld

Wir haben uns bereits mit dem Umfeld beschäftigt, in dem wir leben, und die Beziehung zwischen unserer äußeren und inneren Welt untersucht. Dabei ist offensichtlich geworden, daß wir in einer Welt mit vielen Herausforderungen leben. Die meisten von uns sind tagtäglich mit Spaltung, Zersplitterung, Selbstsucht, Habgier, Zynismus und Lüge konfrontiert. Schauen wir uns nur die Nachrichten an, unsere überfüllten Städte, die soziale Ungleichheit, das Leiden in der Welt und das Leiden unseres ganzen Planeten. Wenn wir unsere Augen und unser Herz öffnen, wird offensichtlich, daß sich unsere Verhaltensweisen ändern müssen, weil *wir* es sind, die das alles verursachen. Es könnte uns als eine gigantische und unmögliche Aufgabe erscheinen, allen uns umgebenden Verheerungen ein Ende zu machen; doch wir wissen genau, daß sich unsere Einstellung und Lebensweise verändern müssen – und daß diese Veränderung bei dir und bei mir anfangen muß. Wenn du dich selbst veränderst, wird dies einen Einfluß auf alle anderen haben, mit denen du in Kontakt kommst. Wenn jeder von uns, besonders diejenigen, die mit anderen Menschen arbeiten, wie Lehrer, Therapeuten und Ärzte, ihr Augenmerk dann darauf lenken könnten, daß die anderen ihr Verhalten mehr auf Spiritualität hin ausrichten, hätte dies eine noch stärkere Wirkung. Wenn du also auf deine Reise zum höheren Selbst gehst, wird das auch andere dazu ermutigen.

Bisweilen kann dies jedoch schwierig sein. Wenn wir zu meditieren beginnen, können wir auch empfindlicher reagieren, weil wir alles klarer wahrnehmen, und zumindest eine Zeitlang anfälliger für negative Energiefelder werden. Besonders diejenigen von uns, die unter verstörenden oder von Tamas geprägten Bedingungen arbeiten, können von solchen Energien nachteilig beeinflußt werden. Deshalb geben uns weise Gurus den Rat, sehr sorgfältig auszusuchen, mit welchen Menschen wir Umgang haben, wenn wir auf dem spirituellen Weg sind. Besonders in den Anfangsstadien, ehe der innere Geist die Vorherrschaft über den äußeren Geist errungen hat, bleiben wir verletzlich.

Viele Konflikte, mit denen wir auf dem spirituellen Weg konfrontiert werden, lassen sich unschwer als „Lektionen“ für uns erkennen. Doch selbst dann können diese Lektionen besser gelernt werden, wenn wir mit Gleichgesinnten darüber sprechen, da sich die meisten von uns nicht ständig im Umkreis eines erleuchteten Lehrers aufhalten dürften. Wir sollten zumindest zeitweise den Kontakt zu Menschen suchen, die auch mit spiritueller Praxis beschäftigt sind. Dies stärkt unsere eigene Entschlossenheit und lädt uns mit neuer Energie auf. Viele spirituelle Gruppen bieten zu diesem Zweck regelmäßige Retreats an. Eine der Krankenschwestern, die an unserem MindBalancing-Kurs teilnahm, sagte: „Ich kann mir nun eher leisten, was professionelle Pflege mich persönlich kostet.“ Meditation bedeutet auch, für uns selbst zu sorgen, was uns die Kraft gibt, für andere sorgen zu können.

Paramahansa Yogananda hatte die Vision von „Gemeinschaften der Weltbruderschaft“, wo „kleine harmonische Gruppen ... andere ideale Gemeinschaften überall auf der Erde inspirieren können“:

Die Utopie muß im eigenen Herzen entstehen, ehe sie sich zu einer gesellschaftlichen Kraft entwickeln kann. Der Mensch ist eine Seele, keine Institution; allein seine inneren Reformen können seinen äußeren Reformen Dauer verleihen. Durch die Betonung von spirituellen Werten und Selbst-Verwirklichung hat eine Kolonie, die als Beispiel der Weltbruderschaft dient, die Kraft dazu, inspirierende Schwingungen weit über ihren Ort hinaus auszusenden.[39]

Diese Betrachtungen sind ganz und gar nachvollziehbar. Wir brauchen Inseln als heilige Zufluchtsorte für geistige Gesundheit, wo wir uns zumindest zeitweise aufhalten können, während wir unsere „inneren Reformen“ durchführen. Viele solcher Rückzugsorte sind in den letzten Jahren überall in Europa entstanden. Einige von ihnen bieten verschiedenartige Kurse an, andere Meditationsretreats entsprechend ihrer geistigen Ausrichtung. Die oben zitierten Worte von Yogananda werden auf der Grundlage seiner Lehren von den

Ananda-Gemeinschaften in den Vereinigten Staaten und in Europa in die Praxis umgesetzt.[40]

Licht und Dunkelheit

Leider müssen wir uns aber auch der möglichen negativen Reaktionen unserer Umgebung auf unsere spirituelle Entwicklung bewußt sein. Swami Kriyananda von der Ananda-Gemeinschaft deutet ein Bibelzitat, um darauf hinzuweisen. Das Bibelzitat lautet: *„Und das Licht leuchtet in der Finsternis, und die Finsternis hat's nicht ergriffen"* (Johannes, 1:5).

Die Finsternis ist die Täuschung Satans. Es ist ein bewußter, kein passiver Drang, ein vorsätzlicher Wille, nach immer größerer Finsternis zu streben. Ihre Macht liegt in ebendieser Entschlossenheit. Sie kann nur in dem Maße Gewalt über uns haben, wie wir sie akzeptieren und für das Licht der Wahrheit blind sind. „Sünde" bedeutet Irrtum, ganz einfach: der Irrtum eines falschen Verstehens.

Das Licht der Weisheit leuchtet unbeirrt inmitten von Unwissenheit. Tiefe Unwissenheit ist jedoch unfähig, sich etwas Leuchtenderes als sich selbst vorzustellen. Wird sie mit Weisheit konfrontiert, dann hüllt sie sich nur um so enger in ihren Deckmantel der Täuschung ein. Charakterliche Größe sieht sie lediglich als unwürdig. Großzügigkeit verhöhnt sie als selbstsüchtige Motivation. Güte betrachtet sie als bloßen Schutzschild für ihre eigenen unehrenhaften Absichten. Mitgefühl tut sie als scheinheilig ab, während sie sich selbstgerecht damit brüstet: „Nun, wenigstens gebe ich meine Selbstsucht ehrlich zu!" Ein verdunkelter Geist verrät seinen Mangel an Einsicht dadurch, daß er jeden Hinweis übelnimmt, er lebe noch nicht im Licht.

Dunkelheit, obgleich blind, ist sich bewußt, daß etwas sie bedroht. Haß beispielsweise, auch wenn er unfähig dazu ist, Liebe zu begreifen, spürt in der Liebe eine Macht, die ihm jegliche Bedeutung nehmen könnte. Unwürdige Motive können reine und edle Motive nicht dulden. Statt dessen bilden sie sich ein, daß ihr eigenes Überleben davon abhängt, diese zu bekämpfen. Spirituelle Unwissenheit erkennt nicht, daß Leben das einzige Licht ist, das es gibt, und Dunkelheit nichts als Tod.[41]

Diese inspirierende Beschreibung bezieht sich auf die Bereiche der Dunkelheit in uns selbst, die wir mit dem göttlichen Licht erleuchten müssen. Es ist jedoch eine Warnung darin enthalten, daß unsere spirituellen Absichten von der Dunkelheit in uns selbst und in anderen mißverstanden werden könnten. Dies mag durchaus eine wichtige Lektion für uns sein, auf die wir aber meiner Meinung nach besser vorbereitet sein sollten. Irgendwann auf unserer spirituellen Reise werden wir wahrscheinlich von anderen mißverstanden werden. Wir haben dann die Wahl, entweder vom Ego oder von der Seele aus darauf zu reagieren, und könnten dann vor der schwierigen Frage stehen: „Wie kann ich ohne Anhaftung und voller Mitgefühl darauf reagieren, daß ich mißverstanden werde?“

Deinen Raum schützen

Die Öffnung des Geistes in der Meditation kann uns anfälliger für dunkle Energien von anderen Menschen und aus dem Umfeld im allgemeinen machen. Vielleicht werden wir lernen müssen, uns davor zu schützen. Die Teilnehmer an unseren MindBalancing-Gruppen profitieren von dieser Übung, die dir ein Gefühl von deinem physischen und psychologischen Raum vermitteln und dich darin bestärken wird, daß du selbst die Wahl hast, wen und was du in deinen Raum hineinläßt.

Lies als erstes die Übungsanleitungen durch und führe die Übung dann Absatz für Absatz aus. Sobald du mit den Anleitungen vertraut bist, kannst du die ganze Übung am Stück machen. Als Alternative kannst du auch einen Freund bitten, dir die Instruktionen laut vorzulesen, oder du sprichst sie dir selbst auf ein Tonband.

Beginne diese Übung mit der Dreiecksatmung, um deinen Atem und deinen Geist zur Ruhe kommen zu lassen. Konzentriere dich dann auf die Lücken zwischen Einatmung und Ausatmung, und achte besonders auf die Ausatmung. Vergegenwärtige dir, daß du mir der Einatmung die äußere Welt in dich aufnimmst und mit der Ausatmung in die Welt hinausgehst.

Beginne dann damit, dir dich in deinem Raum vorzustellen. Spüre die Entfernung zwischen dem oberen Ende deines Kopfes und dem unteren Ende deiner Füße. Spüre das Gewicht deines Körpers. Spüre den

Kontakt deiner Haut mit deiner Kleidung oder der Luft. Richte deine Aufmerksamkeit auf die Ausatmung und die Lücke zwischen Ausatmung und Einatmung. Verbringe ein paar Minuten damit, ganz bei deiner Ausatmung und in dem durch die Lücke entstehenden Raum zu bleiben.

Während du bei deiner Atmung bleibst und deinen ausströmenden Atem den dich umgebenden Raum erfüllen läßt, ziehe einen Kreis oder eine Blase um dich herum. Du befindest dich genau in der Mitte des Kreises, und der Kreis ist deine äußere Begrenzung. Innerhalb des Kreises ist dein Raum, in den niemand und nichts ohne deine Erlaubnis hineingelangen kann. Wie groß oder klein ist dieser Kreis? Fühlt er sich zu groß oder zu klein an? Möchtest du seine Größe verändern? Wie fühlst du dich im Inneren deines Raumes?

Stell dir nun vor, daß sich alle wichtigen Personen, Dinge und Angelegenheiten in deinem Leben außerhalb des Kreises befinden. Ohne deine Erlaubnis können sie nicht in den Kreis hineingelangen. Wie fühlt sich das an? Mußt du den Kreis größer oder kleiner machen? Mußt du deine Grenzen verstärken?

Für den Fall, daß irgendwelche Personen, Dinge oder Angelegenheiten bereits in deinen Raum hineingelangt sind, führe sie sanft wieder heraus. Du hast deinen Raum voll unter Kontrolle.

Mt jedem Ausatmen erfüllst du deinen Raum, machst ihn warm, behaglich und sicher. Konzentriere dich darauf, deinen Raum mit deinem Ausatmen zu deinem Heim zu machen.

Sieh dir dann all die Menschen, Dinge und Angelegenheiten außerhalb deines Kreises an. Erinnere dich immer wieder daran, daß nichts davon in deinen Raum hineingelangen kann, wenn du es nicht möchtest. Sei dir auch dessen bewußt, daß du deinen Kreis größer oder kleiner machen kannst. Probiere eine Minute lang die Größe deines Kreises aus und finde die für dich richtige Größe heraus.

Nachdem du diese Übung mehrere Male praktizierst hast, kannst du dieses Gefühl für deinen persönlichen Raum mit in deine Welt nehmen und dich davor schützen, von den Einflüssen anderer überwältigt zu werden. Beginne immer damit, dich auf deine Ausatmung und auf die Lücke zu konzentrieren.

Das MindBalancing-Programm

Das MindBalancing-Programm beruht auf Entspannungstechniken der westlichen Psychologie und auf Meditationsübungen des Yoga. Alle bisherigen Kapitel haben darauf abgezielt, dich innerlich darauf vorzubereiten, eine regelmäßige Meditationspraxis aufzunehmen. Viele Informationen darin haben sich an deinen Intellekt gewandt, damit du verstehst, warum du den Wunsch haben könntest, dich auf eine Meditationspraxis einzulassen. Damit habe ich das Ziel verfolgt, dich von dem Sinnesgeist weg und hin zum inneren Geist der Seele zu führen – in der Hoffnung, daß du ein anderes Verständnis von dir selbst und der Welt, in der du lebst, gewinnen wirst. Hier aber liegt der Haken: Du kannst deine Gedanken nur durch dein Denken allein nicht tiefgreifend verändern. Dafür brauchst du Meditation. Der äußere Geist ist einfach ein allzu mächtiges Instrument. Er kann selbst positive spirituelle Intentionen mühelos vereinnahmen und in die Dienste des Ego stellen. Du könntest zum Beispiel regelmäßig meditieren, und dann taucht nach einer Weile der Gedanke auf: „Das mache ich aber wirklich gut. Ich bin viel besser als all die armen Leute, die keine spirituelle Praxis machen.“ Dies wäre ein Beispiel dafür, wie der äußere Geist versuchen kann, deine spirituelle Praxis in etwas zu verwandeln, was dem Ego nützt. Deshalb ist Hingabe so wichtig und notwendig dafür. Sie ist ein wunderbarer Schutz vor dem sich aufblähenden Ego, weil sie zu Demut und Mitgefühl führt.

Wenn du die Übungen und Meditationen in den früheren Kapiteln ausgeführt hast, wirst du gelernt haben, wie dein Geist funktioniert. Du wirst dir auch der Blockaden bewußter geworden sein, an denen du arbeiten mußt. Denke auch daran, daß es heute unsere evolutionäre Aufgabe ist, spirituelle Intelligenz zu entwickeln, was bedeutet, daß wir uns auf die Reise zum höheren Selbst begeben. Denke darüber einige Augenblicke lang nach, bevor wir uns weiter mit der Praxis des MindBalancing beschäftigen.

Dein spiritueller Weg

Versuche die Frage zu beantworten, warum du einen spirituellen Weg gehen möchtest.

Schau zurück über dein Lebensmuster und versuche es zu entdecken – wie einen roten Faden, die Reise deiner Seele zurück zum göttlichen Geist. Nimm für einen Augenblick einmal an, daß dein Leben als Unterrichtsstunde in einem Klassenzimmer geplant wurde. Wie lautete das Thema dieser Lektion während deines ganzen Lebens? Was würde dieses Thema über die Hürden aussagen, die du überwinden mußtest, um Herz und Geist miteinander zu verbinden? Kannst du dir jetzt, zu diesem Zeitpunkt in deinem Leben, versichern, daß du dich mit der Wiederholung der gleichen Fehler genügend abgemüht hast und daß du nun weitergehen mußt?

Werde dir auch dessen bewußt, wie sich dein Ego wehren könnte. Welche emotionalen Gewohnheiten und Verhaltensmuster haben in der Vergangenheit immer weiterbestanden oder sind zurückgekehrt? Mit welchen Ausreden oder Rechtfertigungen, die dein Geist sich ausdenkt, würdest du rechnen?

Die MindBalancing-Praxis

Dieses praktische Meditationsprogramm verbindet alle Elemente der bisherigen Kapitel miteinander. Die Übungen in Teil 1 und 2 sind aus meiner Arbeit mit Einzelpersonen und Gruppen entstanden und beruhen auf einigen meiner früher veröffentlichten Arbeiten.[42] Sie sind hier jedoch um Energietechniken des Yoga erweitert worden und dienen als Vorbereitung für die Meditation. Teil 3, die eigentliche MindBalancing-Meditation, ist eine Einführung in die Meditation als tiefe Konzentration. Diese Technik kannst du dafür nutzen, um über die Zersplitterung und Geschäftigkeit des äußeren Geistes hinaus zu dem Ort der Stille in deinem Inneren, vom äußeren zum inneren Geist zu gelangen.

Es gibt viele andere Meditationstechniken und -programme. Meditation ist eine Praxis, die der Verbindung mit dem Göttlichen geweiht ist. Viele dieser Techniken sind sehr alt und kraftvoll und erfordern eine disziplinierte Praxis unter Anleitung. Die hier vorgeschlagene Meditationsübung ist erprobt und sicher und ein guter Ausgangspunkt.

Letztendlich bestehen alle Dinge aus reinem Bewußtsein; ihre endliche Erscheinungsform ist eine Folge aus der Relativität des Bewußtseins. Wenn du etwas in dir verändern willst, mußt du daher den Denkprozeß verändern, der die Materialisierung des Bewußtseins in unterschiedliche Formen der Materie und Aktivität verursacht. Das ist der Weg, der einzige Weg, um dein Leben umzugestalten.[43]

Dieses Buch handelt davon, wie du deinen Geist verändern kannst. Die bisherigen Kapitel haben dir Modelle und Landkarten für die Reise vom Intellekt zur Intelligenz der Seele, vom äußeren zum inneren Geist an die Hand gegeben. Wir haben auch versucht, deinen Intellekt darin zu bestärken, daß es richtig ist, das Gleichgewicht zugunsten des inneren Geistes wiederherzustellen. Wir brauchen zu Anfang die Mitwirkung des äußeren Geistes, bevor wir ihn zur Ruhe bringen können, um dann nach und nach mehr vom inneren Geist, unserem wahren Zentrum, aus agieren zu können. Bisher ist dir als Vorbereitung darauf, die Balance wiederherzustellen, ein neues Verständnis dessen, wer du bist und wer du sein kannst, vermittelt worden. Nun würde ich dich gerne in die MindBalancing-Praxis einführen, die aus einer Reihe von Reflexionen und Entspannungs- und Meditationsübungen besteht. Diese Übungen werden dir noch direkter dabei helfen, dein inneres Gleichgewicht hin zur Intelligenz deiner Seele, deiner Weisheit und Intuition, zu verlagern. David Frawley betont, wie wichtig dieser Schritt für uns alle ist:

Unsere moderne Kultur, die auf Information und Emotion beruht, wird vom äußeren Geist und einem Mangel an Intelligenz dominiert. Wir sind mehr damit beschäftigt, Informationen durch den Geist aufzunehmen, als sie mit Hilfe der Intelligenz zu verarbeiten. Wir haben viele Wege entwickelt, den Bereich der Sinneseindrücke zu erweitern, aber nicht die Weisheit, sie richtig zu nützen.[44]

Auf dieser Stufe kann es hilfreich sein, wenn du alles, was du bisher durch die Arbeit mit diesem Buch gelernt hast, noch einmal im Zusammenhang siehst. Es sollten damit Türen in deinem nach außen gerichteten Sinnesgeist sichtbar gemacht werden, um eine gewisse

Flexibilität in der Art und Weise zu schaffen, wie du dein Leben und deine Welt siehst, und um Geländekarten für den Weg zum inneren Selbst, der Intelligenz deiner Seele, zu zeichnen. Du könntest diese Türen und Markierungen auf deiner Geländekarte nochmals aufsuchen und auf die bisherigen Reflexionen zurückblicken. Vielleicht wirst du dir auch nur das nochmals anschauen wollen, was du während der Lektüre unterstrichen oder dir notiert hast. Du befindest dich auf einer Reise, und alles, was deinen Weg erhellen kann, wird dir helfen.

Ein Tagebuch führen

Es kann dir auch helfen, ein Tagebuch oder Journal zu führen, wenn du mit regelmäßiger Meditationspraxis beginnst. Vielleicht wirst du einfach nur deine Gedanken und Erfahrungen bei der Meditation aufschreiben wollen, denn das Schreiben aus deinem intuitiven Geist kann therapeutisch wirken und sehr aufschlußreich sein. Oder du möchtest einen klarer strukturierten Bericht über deine Entwicklung führen. Hier ist ein Vorschlag dafür.

Du könntest einige der niederen und höheren Eigenschaften (siehe Seite 40f.) dafür benutzen und dann am Ende des Tages bewerten, welche Relevanz sie für dich während des Tages hatten – entweder wie du sie selbst in dir gespürt hast oder wie du sie durch andere empfangen hast. Suche dir jeweils fünf (es können auch mehr oder weniger sein) von den niederen und höheren Eigenschaften aus und schreibe sie jeden Tag in Form einer Tabelle nieder. Gib ihnen dann eine Bewertung zwischen 0 und 10 und addiere die beiden Gesamtsummen.

Nachfolgend ein Beispiel:

Datum: …….	***Bewertung 0-10***		***Bewertung 0-10***	
	Ärger/Zorn	***4***	***Akzeptanz***	***0***
	Verwirrung	***2***	***Mut***	***6***
	Angst	***5***	***Frieden/Ruhe***	***2***
	Eifersucht	***1***	***Vertrauen***	***3***
	Besorgnis	***7***	***Stille/Gelassenheit***	***4***
	Gesamtsumme	***19***	***Gesamtsumme***	***15***

Eine solche Bewertung der entsprechenden Eigenschaften kann aus mehreren Gründen nützlich sein. Wenn du deinen Tag im Hinblick auf diese Eigenschaften untersuchst, kannst du dir sehr bewußt darüber werden, welche Geltung sie in deinem Leben haben. Du richtest deine Aufmerksamkeit auf sie und hast zwei unterschiedliche Maßstäbe, um deinen Tag zu beurteilen. Die Gesamtsummen geben dir eine in Zahlen ausgedrückte Gesamtdarstellung des Tages, was nützlich sein kann, wenn du in Zahlen denken kannst. Dies kann dir auch dabei helfen, deinen rationalen Geist davon zu überzeugen, daß deine spirituelle Praxis einen Nutzen hat.

Denke aber bitte daran, daß dies keine Psychotherapie ersetzt. Wenn du beispielsweise mit Problemen von Wut, Angst oder Depression zu kämpfen hast, dann wirst du vielleicht eine psychotherapeutische Behandlung brauchen. Deine Meditation wird jedoch die höheren Eigenschaften stärken, und dies kann sich positiv auf die niederen Eigenschaften auswirken. Die vom höheren Selbst ausgehenden Strahlen werden stärker und dringen durch, um Konflikte im niederen Unbewußten aufzulösen. Vielleicht möchtest du gerne die täglichen Gesamtsummen für die Dauer eines bestimmten Zeitraums in einer Übersicht zusammenstellen und sehen, was passiert. Eine Zunahme bei den höheren Eigenschaften würde sicher ein Hinweis auf eine Zunahme von Sattva im Geist sein. Nach meiner Erfahrung werden dadurch die niederen Eigenschaften im Laufe der Zeit reduziert.

Allgemeine Hinweise zur MindBalancing-Praxis

Alle Meditationstechniken haben das Ziel, den Meditierenden aus dem Sinnesgeist herauszulösen, damit er zum inneren Geist gelangt. Die genauen Details der Meditationspraxis hängen von der Meditationsrichtung ab, der du folgst. Es gibt zum Beispiel das kontemplative Gebet der Karmeliter-Tradition, und es gibt viele verschiedene Überlieferungen des Buddhismus und des Yoga. Du mußt den Weg finden, der sich richtig für dich anfühlt und dich anspricht. Wenn du diesen Weg einmal gefunden hast, ist es jedoch wichtig, daß du daran festhältst und ihm mit Entschlossenheit, Disziplin und Hingabe folgst.

Eine endlose Suche und der Wechsel von einem Weg zum nächsten kann wieder nur eine weitere geschickte Strategie des Ego sein, der Reise zur Seele auszuweichen.

Letzten Endes ist Meditation am besten formlos, ohne Bilder, so daß der innere Raum offen für den göttlichen Geist, offen für die Verbindung der Seele mit Gott wird. Daher ist es wichtig, die geführten Imaginationstechniken, die in verschiedenen psycho-spirituellen Schulen und in New-Age-Gruppen weit verbreitet sind, nicht mit echter Meditation zu verwechseln. Es ist im allgemeinen jedoch nicht ratsam, den Geist einfach nur „leer zu machen“, weil dies vielleicht nichts anderes bewirken kann, als deine Aufmerksamkeit auf dein Unterbewußtsein zu lenken, wo dessen verborgene Neigungen dir weiterhin Schmerz zufügen können. Wir müssen unser inneres Selbst mit einer höheren Macht verbinden, die uns halten und vor den dunklen Energien des Unterbewußtseins schützen kann. In diesem Zusammenhang wird, wie wir bereits besprochen haben, die Hingabe zu einem wichtigen Element des Schutzes für die Meditationspraxis.

Laut und Atem gehören zusammen, und beide sind eng mit dem Geist verbunden. Die Atemübungen mögen die ein gewisses Verständnis vermittelt haben, wie die Beruhigung des Atems auch den Geist ruhiger machen kann. Wir gehen nun weiter und verbinden viele Elemente aus den früheren Übungen zu einem Arbeitsprogramm für deine persönliche Entwicklung, das du als regelmäßige Praxis für Entspannung, Energetisierung, Konzentration und Meditation nutzen kannst. Der Übungsteil für Konzentration und Meditation schließt auch Pranayama und Mantra ein.

Die Entspannungsübungen und die Meditation sind für schrittweises Lernen bestimmt. Halte dich an die schriftlichen Instruktionen. Beginne jede Übung mit dem Vorstellungsbild und arbeite dann Absatz für Absatz die Anleitungen durch. Geh dabei sehr langsam vor. Du kannst auch einen Freund bitten, dir die Instruktionen vorzulesen, oder du nimmst sie auf Tonband auf.

Die einzelnen Übungsschritte

Teil 1: Muskelentspannung und Energetisierung

Das folgende Zitat von Paramahansa Yogananda bringt zum Ausdruck, wie wichtig die Muskelentspannung für die spirituelle Entwicklung ist. Auch Körperübungen und Hatha-Yoga-Stellungen werden dazu beitragen, die Muskeln zu entspannen. Die hier beschriebene Muskelentspannungsübung ist eine einfache, aber wirksame Methode, mit der du als erstes lernst, den Unterschied zwischen Anspannung und Entspannung in den verschiedenen Muskelgruppen zu erkennen und dann die Anspannung bewußt loszulassen und Entspannung zuzulassen.

Denke daran, daß Muskelentspannung, obwohl sie nicht leicht ist, äußerst wichtig für die spirituelle Entwicklung ist. Muskelentspannung bedeutet, Energie und Bewußtsein von der wellenartigen Bewegung der Muskeln zurückzuziehen. …

Der erste Knoten, der zu lösen ist, um den Geist im Inneren zu befreien, ist der Knoten des Muskelbewußtseins. Es ist notwendig, jegliche Anspannung zu beseitigen und den Knoten – großen wie kleinen – in den Muskeln Entspannung zu senden.[45]

Außer der Muskelentspannung hat diese Übung auch die Wirkung, deinen Körper wieder mit Lebensenergie aufzuladen. Du kannst dir dies in Form von vielen kleinen Energiekanälen vorstellen, die durch deinen Körper verlaufen; durch die Entspannung deiner Muskeln kannst du diese Kanäle öffnen, so daß die Lebensenergie wieder freier fließen kann. Du kannst diese Muskelentspannungsübung entweder im Sitzen oder im Liegen ausführen. Halte deine Augen dabei geschlossen. Die Bildvorstellung, mit der du die Übung beginnst, bezieht sich auf die Modelle, die wir vorher untersucht haben.

Lies dir die Anleitungen für die Übung einmal ganz durch. Lies dann den ersten Absatz noch einmal, schließe die Augen und folge den Anleitungen im ersten Absatz. Vielleicht mußt du dir am Anfang auch die weiteren Anleitungen Absatz für Absatz durchlesen und mit jeder Muskelgruppe getrennt verfahren. Geh in dieser Weise vor, bis du das Gefühl hast, daß du nun die ganze Übung auch ohne schriftliche Anleitungen durchführen kannst.

***Stell dir vor,** daß du dich im psychologischen Treibhaus befindest, wo du festsitzt und alles stagniert. Dort ist es dunkel und drückend, und dein Körper fühlt sich angespannt. Die Lebensenergie will wieder frei und ungehindert in deinem Körper fließen. Stell dir vor, daß es Tausende von kleinen Kanälen in deinem Körper gibt und daß du diese Kanäle öffnen möchtest, damit die Lebensenergie wieder in allen Richtungen fließen kann. Spanne deinen ganzen Körper an und spüre wirklich die Schwere und Anspannung in deinem Körper und die blockierten Kanäle. Entspanne dann deinen ganzen Körper und spüre, wie mehr Raum in deinem Körper auftaucht, während du alle Muskeln entspannst und ausatmest.*

Achte darauf, daß du bequem dasitzt oder daliegst und die Augen geschlossen hältst. Deine Arme befinden sich an den Seiten deines Körpers, und die Beine sind nicht gekreuzt, Laß deinen ganzen Körper sich entspannen. Es ist wichtig, daß du dir keine Gedanken darüber machst, wie gut du diese Übungen ausführst, denn du wirst mit regelmäßiger Praxis Fortschritte machen.

Atme dann für jede der unten aufgeführten Muskelgruppen tief ein und spanne die Muskeln in der empfohlenen Weise an. Halte deinen Atem an und die Muskelanspannung aufrecht, und konzentriere dich auf die Anspannung. Stell dir das Element Erde vor, das schwer, dunkel und fest ist, während du die Muskeln anspannst. Nach fünf bis zehn Sekunden atmest du wieder aus und läßt gleichzeitig die Anspannung los. Achte dabei auf den Unterschied zwischen Anspannung und Entspannung. Stell dir dabei vor, wie die Elemente Luft (Fließen) und Raum (Weite) die vorherige Schwere und Enge ersetzen. Atme langsam und flach, und laß beim Ausatmen für weitere fünf bis zehn Sekunden noch mehr Anspannung aus diesen Muskeln los, ehe du zur nächsten Muskelgruppe übergehst. Nach dieser Aufeinanderfolge von Anspannung und Entspannung wirst du vielleicht ein Wärmegefühl oder ein Kribbeln in den Muskeln verspüren. Freue dich über dieses Zeichen, daß die Anspannung aus deinem Körper herausgeht.

Werde auch gewahr, wie die Kanäle deines Körpers sich öffnen und mehr Raum schaffen, während du die Muskeln entspannst. Spüre, wie die Lebensenergie wieder freier fließen kann.

- *Konzentriere dich zuerst auf deine linke und dann auf deine rechte Hand, die du dabei zu einer Faust ballst.*
- *Konzentriere dich auf deinen linken, dann auf deinen rechten Arm: Balle die Hand zu einer Faust, winkle den Arm am Ellbogen an,*

führe dein Handgelenk zur Schulter hoch, und spanne die oberen und unteren Armmuskeln an (versuche, zwischen Ober- und Unterarm zu unterscheiden, erst links, dann rechts).

- *Strecke nun zuerst deinen linken und dann deinen rechten Arm aus, balle deine Hand zu einer Faust und spanne den Ober- und Unterarm an.*
- *Ziehe dann deine Schultern hoch bis zu den Ohren, und konzentriere dich auf die Anspannung in deinen Schultern und in deinem Hals.*
- *Spanne deinen Hals an, indem du deinen Kopf nach hinten beugst, und konzentriere dich auf die Anspannung auf der Vorder- und Hinterseite deines Halses.*
- *Beuge deinen Kopf dann nach vorn.*
- *Konzentriere dich auf dein Gesicht und spanne deine Gesichtsmuskeln an, wobei du deine Augen fest zudrückst, deine Zähne zusammenbeißt und deine Lippen zusammenpreßt.*
- *Konzentriere dich auf deinen Unterbauch und dann auf deinen Oberbauch, wobei du diese Bereiche einziehst (der Bereich des Oberbauchs und Magens kann ein- und hochgezogen werden).*
- *Konzentriere dich auf deinen Rücken, wobei du den Brustkorb nach vorne oder oben und die Schultern nach hinten oder unten drückst.*
- *Konzentriere dich auf deine Gesäßbacken, wobei du sie zusammendrückst.*
- *Konzentriere dich auf dein linkes, dann auf dein rechtes Bein und versuche, zwischen Fuß, Wade und Oberschenkel zu unterscheiden. Hebe dein linkes Bein hoch, wobei deine Zehen zuerst von dir fort und dann zu dir hin weisen. Wiederhole dann das gleiche mit dem rechten Bein.*
- *Atme tief ein, halte den Atem an und spanne gleichzeitig deinen ganzen Körper an. Atme dann aus und laß die Anspannung los. Wiederhole dies dreimal.*
- *Atme schließlich tief ein, ohne den Atem anzuhalten, und stoße den Atem kräftig aus. Warte dann einfach darauf, daß du von selbst wieder einatmest. Freue dich über den Zustand der „Atemlosigkeit" vor dem Einatmen. Beobachte ein paar Augenblicke lang einfach nur, wie deine Atmung geschieht.*

Stell dir nach einigen Übungssitzungen vor, wie die Lebensenergie als weißes Licht ungehindert durch die Kanäle deines Körpers strömt.

Teil 2: Atementspannung

Du kannst diese Übung gleich auf Teil 1 folgen lassen, oder du kannst auch beide Teile getrennt praktizieren. Sobald dein Körper ruhig und entspannt ist, kannst du dann die Muskeln mit Hilfe deiner Atmung noch mehr entspannen. Diese Praxis kannst du zur regelmäßigen Entspannung anwenden. Nach und nach wirst du dir die Fähigkeit erwerben, deinen Atem dafür zu nutzen, dich ruhiger werden zu lassen, wenn du angespannt bist. Wie wir bereits wiederholt besprochen haben, spielt der Atem eine wesentliche Rolle für die Meditationspraxis. Über den Atem kommt es zu einem Energieaustausch mit unserer Umgebung: Kohlendioxid geht aus unserem Körper heraus, und Sauerstoff gelangt in unseren Körper hinein. In gewisser Weise nehmen wir unsere Umgebung durch unseren Atem auf und gehen selbst mit unserem Atem in unsere Umgebung hinaus. Dieser Vorgang vollzieht sich in einem ständigen rhythmischen Fluß, was gewöhnlich ohne unser Wissen passiert. Wenn wir uns dessen aber bewußt werden, kann unsere Atmung zu unserem Verbündeten im Heilungsprozeß der Meditation werden. Der Atem ist auch aufs engste verknüpft mit der Lebenskraft (Prana) und mit dem Geist, insbesondere mit den Emotionen. Prana soll in höchster Konzentration im Sauerstoff vorhanden sein, und durch die „Explosion" von Sauerstoffatomen im Körper wird Prana freigesetzt und der Körper wieder damit aufgeladen. Wenn wir den Atem verlangsamen, dann verlangsamen wir auch die geistige Aktivität, das Herz und den Abbauprozeß im Körper allgemein. Es gibt auch bestimmte Atemtechniken (Pranayama), die direkt auf den Prana-Fluß im Körper einwirken.

Verfahre genauso wie bei der vorangegangenen Übung. Lies dir zuerst die Anleitungen ganz durch und beginne dann mit der Bildvorstellung im ersten Absatz, bevor du den Anleitungen Absatz für Absatz folgst. Führe diese Übung am Anfang im Liegen aus, später aber auch, während du in deiner Meditationshaltung sitzt. Halte die Augen dabei geschlossen.

Stell dir vor, *daß du über deine Atmung in eine Interaktion mit deiner Umwelt trittst. Beim Einatmen läßt du deine Umgebung in dich herein, und beim Ausatmen trittst du in deine Umgebung hinaus. Über deinen Atem kannst du auch weißes heilendes Licht in deinen Körper* *aufnehmen. Stell dir vor, daß sich das weiße Licht des Universums über deinem Kopf befindet. Beim Einatmen ziehst du das weiße Licht durch den Scheitelpunkt deines Kopfes in deinen Körper herein und lenkst es in deinen Herzbereich. Mit jedem Ausatmen strömt das weiße Licht hinaus und hüllt deinen Körper wie ein Kokon ein. Stell dir vor, daß dein Körper von weißem heilenden Licht umgeben und beschützt ist.*

Richte nun deine ungeteilte Aufmerksamkeit auf deine Atmung, und lege deine rechte Hand auf deinen Magen genau über der Taille. Auf diese Weise wachst du über deine Atmung wie ein Monitor.

Atme nun ein paarmal tief ein und aus; achte darauf, daß sich dein Magen beim Einatmen nach außen und beim Ausatmen nach innen bewegt. Atme regelmäßig und ruhig weiter. Wölbe deinen Magen ein wenig vor, wenn du einatmest, und ziehe ihn ein bißchen ein, wenn du ausatmest. Das heißt: Dein Zwerchfell, nicht dein Brustkasten führt die Atemarbeit für dich aus. Die Zwerchfellatmung ist für alle Atemübungen und für die Meditation sehr wichtig.

Atme ununterbrochen und gleichmäßig ein und wieder aus, ohne deinen Atem anzuhalten. Atme regelmäßig und flach durch die Nase ein und aus.

Benutze nun das Wort ENTSPANN als Mantra. Sag im Geiste zu dir selbst ENT, wenn du einatmest, und SPANN, wenn du ausatmest. Achte darauf, daß du deine Zunge oder deinen Mund nicht bewegst, wenn du ENT-SPANN zu dir sagst. Du kannst nun auch deine rechte Hand vom Magenbereich wegnehmen; leg sie aber wieder dorthin zurück, wenn du spürst, daß du nicht mit deinem Zwerchfell atmest.

Du hältst jetzt deine ganze Aufmerksamkeit auf deine Atmung und auf das Wort ENTSPANN gerichtet. Dadurch entspannst du Körper und Geist.

Nun kannst du dich auf verschiedene Teile deines Körpers konzentrieren, in sie hineinatmen und mit jedem Ausatmen Anspannung aus ihnen herausströmen lassen. Wenn dir die Vorstellung schwerfällt, daß du in verschiedene Körperteile hineinatmest, dann lege deine Hand einen Augenblick lang auf dein Knie und laß deinen Atem in dein Knie strömen. Dabei kannst du mit deiner Hand sogar eine leichte Bewegung in deinem Knie im Rhythmus mit deiner Atmung wahrnehmen.

Konzentriere dich jeweils 15-20 Sekunden lang auf die nachstehend aufgeführten Körperteile. Atme Energie mit der Silbe ENT in sie hinein, und laß Anpannung beim Ausatmen mit der Silbe SPANN aus ihnen herausströmen. Stell dir einen Kanal in deinem Inneren vor, der deine Atmung mit diesen Körperteilen verbindet. Der Atem strömt durch diesen Kanal und bringt mit dem Einatmen heilende Energie und Entspannung, während er beim Ausatmen Giftstoffe und Anspannung aus dem Körper ausstößt. Verwende auf jeden Körperteil eine Minute.

- *Konzentriere dich auf deine linke und dann auf deine rechte Hand.*
- *Konzentriere dich auf deinen linken, dann auf deinen rechten Arm und versuche, zwischen Ober- und Unterarm zu unterscheiden.*
- *Konzentriere dich auf die vordere und hintere Seite deines Halses.*
- *Konzentriere dich auf dein Gesicht.*
- *Konzentriere dich auf deinen Unterbauch und dann auf deinen Oberbauch.*
- *Konzentriere dich auf deinen Rücken.*
- *Konzentriere dich auf dein Gesäß.*
- *Konzentriere dich auf dein linkes, dann auf dein rechtes Bein und versuche, zwischen Fuß, Wade und Oberschenkel zu unterscheiden.*

Wähle nun einen bestimmten Körperteil für weitere Entspannung aus. Das kann auch ein Organ oder ein Bereich im Körper sein. Entscheide dich vielleicht für einen Körperteil, über den du besorgt bist oder wo du Spannung, Schmerz oder Unbehagen empfindest. Atme in diesen Körperteil hinein und wieder aus ihm heraus, wobei du ENT-SPANN im Rhythmus mit deiner Atmung sagst. Spüre, wie heilende Energie beim Einatmen in diesen Körperteil hineingelangt und Anspannung und Giftstoffe ihn beim Ausatmen verlassen.

Stell dir jetzt vor, daß du beim Einatmen Energie von den Fußsohlen, durch die Beine, die Wirbelsäule in deinen Kopf hinaufziehst. Beim Ausatmen läßt du die Energie von deinem Kopf nach unten bis hinein in deine Füße sinken. Spüre, wie diese Aufwärts- und Abwärtsbewegung der Energie in deinem Körper alle Kanäle reinigt und wie sie dein Gewahrsein in deiner Wirbelsäule zentriert. Auf diese Art und Weise ziehst du Lebensenergie vom äußeren Geist der Sinne zurück und magnetisierst den inneren Geist der Seele. Die Lebensenergie im Körper wird wieder für die Anziehungskraft nutzbar.

Du kannst diese Übung mit ein paar Prana-Atmungen abschließen. Dabei handelt es sich um Atemtechniken, die eine Wirkung auf besondere Formen von Prana in Körper und Geist haben. Viele meiner Klienten haben die folgenden Methoden als besonders nützlich empfunden. Es handelt sich um *Apana*, den absteigenden Atem, der bei der Erdung hilft; *Samana*, den zentrierenden Atem, der gut für die Ausbalancierung und Harmonisierung ist; und *Prana*, der gleichzeitig energetisiert und belebt.[46] Führe diese Übungen im Stehen aus.

• ***Apana:*** *Atme tief ein, leite die Energie hinab zur Basis deiner Wirbelsäule und halte den Atem dort an. Leite die Energie beim Ausatmen nach unten durch deine Füße in den Boden. Entlasse alle physischen und geistigen Gifte in die Erde hinein. Wiederhole dies fünfmal.*

• ***Samana:*** *Atme nun nach unten in den Nabel hinein und stell dir vor, wie die Energie aus dem gesamten Universum in deinen Körper gelangt. Halte den Atem fest im Nabel und laß ihn dein Verdauungsfeuer entfachen. Beim Ausatmen laß den Atem sich vom Nabel aus ausbreiten und alle Körpergewebe, Geist und Herz mit Nahrung versorgen. Wiederhole dies fünfmal.*

• ***Prana:*** *Atme nun einige Male tief ein und ziehe dabei die Energie aus dem dich umgebenden Raum in den Punkt zwischen deinen Augenbrauen. Halte die Energie dort fest, während du den Atem anhältst, und atme dann durch diesen Punkt aus. Stell dir vor, daß die Energie durch alle Sinne in deinen Körper einströmt und ihn durch alle Sinne wieder verläßt. Dabei werden alle Kanäle von Gehirn und Geist geöffnet und gereinigt. Wiederhole dies fünfmal.*

Vielleicht könntest du die folgende Anregung von Yogananda als „Hausaufgabe“ benutzen, die dir dabei helfen kann, das Gewahrwerden deiner Atmung nach und nach auch mit in dein Alltagsleben hineinzunehmen:

Beobachte, wie deine Atmung durch deine Umgebung, deine Gedanken, dein Verhalten beeinflußt wird. Untersuche umgekehrt genau die Gedanken und Gefühle, die durch Veränderungen in Tiefe und Rhythmus deines Atems in dir erzeugt werden.[47]

Die Übung „Deine geistigen Muster identifizieren“ *(siehe Kapitel 5)* kann dir aufdecken helfen, wie Gedanken und Emotionen Anspannung und eine eingeschränkte Atmung auslösen können und umgekehrt.

Um zum Teil 3 der MindBalancing-Praxis überzugehen, solltest du Teil 1 und 2 mehrere Wochen lang regelmäßig praktiziert haben. In unseren MindBalancing-Gruppen werden die Teilnehmer dazu aufgefordert, Teil 1 und 2 täglich über einen Zeitraum von zwei Wochen zu praktizieren, bevor sie mit Teil 3 fortfahren (1. Woche: jeden Tag abwechselnd entweder Teil 1 oder Teil 2; 2. Woche: jeden Tag beide Teile).

Du solltest dir das Ziel setzen, im Alltagsleben ein gewisses Gewahrsein von Anspannung und Entspannung zu erlangen, und du solltest dazu in der Lage sein, dich nur mit Hilfe deines Atems beruhigen zu können. Probiere dies zuerst einmal in Situationen aus, die dich nicht allzusehr fordern, wie beispielsweise beim Fernsehen oder wenn du dasitzt und sonst nicht viel tust. Einige Elemente aus Teil 1 und 2 lassen sich selbst an öffentlichen Orten leicht praktizieren, wie zum Beispiel deinen ganzen Körper anspannen, kurz deinen Atem anhalten und ihn wieder ausstoßen, in verschiedene Körperteile hineinatmen und im Rhythmus deiner Atmung lautlos ENT-SPANN zu dir sagen. Versuche dann nach und nach, dich auch bewußt in Situationen, die dir mehr abverlangen, zu entspannen. Erwarte aber keine sofortigen Erfolge! Die alten Gewohnheiten und Reaktionsweisen auf Druck sind im allgemeinen sehr stark, weil sie sich über einen langen Zeitraum herausgebildet haben.

Teil 3: MindBalancing-Meditation

Wer den Geist beherrscht, der beherrscht die Welt.[48]

Meditation geschieht mit dem Kopf und mit dem Herzen. Wie wir bereits wissen, ist das Herz in der Wissenschaft des Yoga der Sitz des Bewußtseins. Das Herzchakra ist das Energiezentrum der überpersönlichen Liebe. Das Ajna-Chakra ist der Punkt zwischen den Augenbrauen, wo dein Blick in der Meditation ruht. Dieses Dritte Auge ist das Zentrum des Christus-Bewußtseins oder der Willenskraft, von wo aus die Lebensenergie im Körper verteilt wird. In der Meditation kann das Dritte Auge als Übermittler und das Herz als Empfänger von spirituellen Energien angesehen werden. Die Meditation öffnet das Herz und bündelt die Konzentration und Willenskraft vom Dritten Auge.

In diesem dritten Teil wendest du die Fähigkeiten an, die du in den beiden vorangegangenen Teilen erworben hast, und erlernst die Meditation, damit du Energie von dem äußeren Geist und den Sinnen zurückziehen und mehr in Kontakt mit dem inneren Geist, deinem Seelengeist, sein kannst. Diese Meditation ist eine Reise, die deinen Geist ausbalanciert und ins Gleichgewicht bringt. Sie dreht sich darum, daß du vom äußeren Geist zum inneren Geist, deinem wahren Selbst, gelangst. Dein Atem wird nun zu deinem Reiseführer.

Beginne damit, daß du dir den folgenden Text langsam Absatz für Absatz durchliest. Verwende ein paar Minuten darauf, mit geschlossenen Augen über jeden Absatz nachzudenken.

Normalerweise bist du von deinem wahren Selbst weit entfernt. Aktivitäten, Gedanken und Gefühle nehmen deine gesamte Aufmerksamkeit in Anspruch. Doch hinter, unter und in all deinen Handlungen, Gedanken und Gefühlen weilt dein wahres Selbst, das ruhig, beständig und stark ist. Es ist wie die ungeheure Stille des Ozeans unter den Wogen und Kräuselwellen des Wassers. Dieses Du ist zeitlos und raumlos, es ist jederzeit bei dir, in jedem Teil von dir. Du trägst es mit dir, wohin auch immer du gehst, was auch immer du tust.

Um zu diesem inneren Du zu gelangen, mußt du über deine Gedanken und deine Gefühle hinausgehen. Du mußt zu einem tieferen Teil deines Geistes gelangen – jenseits des Geistes, der ständig beschäftigt ist mit Gedanken, Gefühlen und Phantasien über äußere Probleme und Geschehnisse, die gewöhnlich die Vergangenheit oder die Zukunft betreffen.

Denke einen Augenblick lang darüber nach, daß deine Erfahrung der Realität zumeist von den Wahrnehmungen und Gedanken deines äußeren Geistes bestimmt wird. Dein äußerer Geist ist aber durch schon seit langem bestehende Gewohnheiten, Muster und unterbewußte Tendenzen geprägt. Daher wird die Realität, die du erlebst, von deinem ureigenen äußeren Geist geschaffen und unterscheidet sich völlig von der Realität eines jeden anderen.

Ich lege dir nahe, daß du deinen Geist verändern kannst, weil es ein Du gibt, das jenseits von deinem gewöhnlichen Geist ist. Es gibt ein Du, das sich jenseits von all den verschiedenen Schichten deines Denkens und deines Fühlens befindet. Dieses Du ist der Beobachter, der Seher, der Zeuge – dein Selbst.

Von diesem inneren Du aus kannst du dein Denken beherrschen, und wenn du dein Denken beherrschst, kannst du auch deine Realität beherrschen, ja sogar eine andere Realität erschaffen.

Du kannst diesen Prozeß als eine Reise betrachten. Die Reise geht von deiner üblichen Erfahrung der Realität aus, in der du von deiner Arbeit, von deiner Familie und deinen Freunden, von all deinen Aktivitäten völlig in Beschlag genommen wirst. Der erste Schritt auf deiner Reise besteht darin, daß du einfach nur mit geschlossenen Augen schweigend dasitzt.

Wenn du mit geschlossenen Augen schweigend dasitzt, wird dein Geist in dir aktiv. Verzweifelt versucht er Dinge zu finden, um die äußeren Reize zu ersetzen, die ausgeschaltet sind. Dein Geist wird sich auf Geräusche oder körperliche Wahrnehmungen konzentrieren, oder er macht sich Gedanken über alle möglichen Dinge. Bei dieser Meditation wirst du versuchen, ein objektiver Beobachter von allen Gedanken und Gefühlen zu sein, die dir in den Sinn kommen.

Die Hilfsmittel, die du besitzt, um zu vermeiden, daß du in diese Geschäftigkeit deines Geistes verwickelt wirst, sind deine Aufmerksamkeit und deine Atmung. Diese beiden Werkzeuge sind deinem inneren Du sehr nahe und können dich über alle Gedanken, Emotionen und Körperempfindungen hinausführen, die deine Aufmerksamkeit beanspruchen.

Geh nun weiter zur Praxis der MindBalancing-Meditation. Lies dir ein oder zwei Absätze auf einmal mit großer Konzentration durch, und meditiere dann mindestens zwei Minuten lang nach den Anleitungen, die du gelesen hast. Versuche, von den fünf aufgezählten Techniken zur Gedankenkontrolle in der Meditation nur jeweils eine anzuwenden. Am besten beginnst du die Meditation mit der Dreiecksatmung oder einer anderen Atemübung.

Beginne die Meditation damit, daß du die Aufmerksamkeit auf deine Atmung richtest. Achte darauf, daß du mit deinem Zwerchfell atmest.

Atme tief ein und sofort wieder aus. Dann warte einfach, bis du von selbst wieder einatmest. Laß deine Atmung einfach geschehen, und folge dem Atem mit deiner Aufmerksamkeit. Atme nicht auf irgendeine besondere Weise, und konzentriere deine Aufmerksamkeit voll und ganz auf die wellenartige Bewegung deines Einatmens und auf die wellenartige Bewegung deines Ausatmens.

Beobachte einfach den Rhythmus deiner Atmung und laß deinen Atem ruhiger werden. Laß deine Aufmerksamkeit der ganzen Länge der wellenartigen Bewegung deiner Atmung folgen.

Während deine Aufmerksamkeit bei dem Rhythmus deiner Atmung verweilt, wird dein Atem ruhiger, und auch die Gedanken und die Gefühle deines äußeren Geistes beruhigen sich. Dein Atem ist der Anker für deine Konzentration. Während dein Atem und dein Geist ruhiger werden, wirst du wahrnehmen, daß sich dein Herz nach und nach öffnet.

Beobachte, wie der Atem durch deine Nasenlöcher in den Körper gelangt. Er fühlt sich kühl an, wenn er mit dem Inneren deiner Nasenlöcher in Berührung kommt, und warm, wenn er aus ihnen hinausströmt – kühl beim Einatmen und warm beim Ausatmen.

Beobachte diese Kühle, die in deinen Körper gelangt, und die Wärme, die sich nach außen auflöst.

Halte deine ungeteilte Aufmerksamkeit auf deine Atmung gerichtet, folge dem Strömen deines Atems – nach innen und nach außen. Kühle Luft kommt hinein, warme Luft geht heraus. Während deine Aufmerksamkeit bei deinem Atem verweilt, laß deine Augen hinter den geschlossenen Augenlidern nach oben auf den Punkt zwischen den Augenbrauen blicken, aber unverkrampft, ohne sie dabei anzustrengen.

Wenn immer du bemerkst, daß deine Aufmerksamkeit abgeschweift ist, entweder zu einem Geräusch, zu einer körperlichen Wahrnehmung oder zu einem Gedanken, sei dir einfach dessen bewußt, daß dies geschehen ist, und lenke deine volle Aufmerksamkeit auf deine Atmung zurück. Achte darauf, daß deine Augen nach oben auf den Punkt zwischen den Augenbrauen gerichtet sind.

Du wirst zu einem distanzierten und objektiven Beobachter deiner Gedanken, Gefühle und Sinneswahrnehmungen. Beobachte einige Augenblikke lang deinen Gedankenfluß, während du gleichzeitig auf deine Atmung achtgibst. Beobachte einfach, wie Gedanken und Bilder in deinen inneren Raum strömen, nur um wieder durch andere ersetzt zu werden. Laß die Gedanken wie den Wind durch deinen unermeßlich weiten inneren Raum wehen. Bleibe objektiv und davon losgelöst, beobachte einfach nur.

Konzentriere deine volle Aufmerksamkeit dann wieder auf deine Atmung. Durch die Konzentration auf deinen Atem wird dein Geist nach innen gewendet, verinnerlicht. Dies hilft dir auch dabei, im gegenwärtigen Augenblick zu sein, Atemzug um Atemzug, Augenblick für Augenblick.

Während der gesamten Meditation versuchst du, deinen Geist in seine ursprüngliche raumhafte Seelennatur zurückzuführen, indem du die festen und starren Blockaden, die der Sinnesgeist geschaffen hat, zum Fließen und in Bewegung bringst.

Halte nun deine Aufmerksamkeit eine Zeitlang auf deinen Atem gerichtet. Immer wenn ein Gedanke – besonders ein emotional aufgeladener Gedanke – versucht, deine volle Aufmerksamkeit auf sich zu ziehen, probiere eine der folgenden Techniken aus, bevor du deine Aufmerksamkeit auf deinen Atem zurücklenkst:

1. *Du kannst versuchen, in den Gedanken oder Sinneseindruck hineinzuatmen. Atme in ihn hinein und atme aus ihm heraus – besänftige ihn; mache ihn wie Wind, überwinde ihn. Wiederhole dies mehrmals, und lenke deine Aufmerksamkeit dann auf deine Atmung und auf den Punkt zwischen den Augenbrauen zurück.*
2. *Du kannst dich auch auf das Gefühl von Kühle konzentrieren, die während der kurzen Pause am Ende des Einatmens, unmittelbar vor der Ausatmung, in deinen Nasenlöchern zurückbleibt, und auf das Gefühl von Wärme am Ende des Ausatmens. Sende in diesen kurzen Augenblicken der Atemlosigkeit die Kühle aus deinen Nasenlöchern zu dem Gedanken oder Sinneseindruck, und laß die Wärme ihn nach außen tragen.*
3. *Du kannst den Gedanken oder die Emotion auch dem Raum übergeben. Stell dir vor, daß du den Gedanken in den unermeßlich weiten Raum legst, der dich umgibt und der auch in dir ist. Sieh den Gedanken im Raum schweben, wie den vorbeiwehenden Wind. Sieh, wie er davonschwebt und sich in dem unermeßlich weiten inneren und äußeren Raum auflöst, der deine wahre Heimat ist.*
4. *Wenn es sich um einen sehr emotionalen Gedanken handelt, kannst du dir auch deine Emotionen als stürmische Wellen und die bewegte Wasseroberfläche eines Sees vorstellen. Um diesen Sturm zu stillen, spüre, wie deine ruhige Atmung eine langsame rhythmische Bewegung unter der Turbulenz an der Oberfläche schaffen kann. Schließlich muß die Turbulenz dem langsamen, beruhigenden Rhythmus deiner Atmung weichen.*
5. *Schließlich kannst du dich auch auf die reine Emotion konzentrieren, ohne sie zu benennen. Zieh diese Emotion dann beim Einatmen in dein Herz, und laß sie beim Ausatmen wieder daraus los. Transformiere die Emotion in ein Gefühl des Herzens.*

Verwende dann, während deine Aufmerksamkeit ganz bei deiner Atmung weilt, das Mantra So-Ham im Rhythmus mit deiner Atmung. Sag im Geiste zu dir selbst beim Einatmen SO und beim Ausatmen HAM, und bewege dabei deinen Mund oder deine Zunge nicht. Laß deinen Atem den Laut hervorbringen. Setze diese Meditation nur mit dem Mantra noch eine Weile fort.

Das Mantra So-Ham bedeutet „Ich bin er" in Sanskrit. Es kann auch umgekehrt als Ham-So verwendet werden; dann wirkt es beruhigender, während So-Ham energetischer ist. Ich bin immer wieder überrascht, wie viele Teilnehmer an unseren Gruppen, selbst wenn sie vorher noch nie Mantras verwendet haben, dieses Mantra wirklich mögen und Nutzen daraus ziehen.

Nimm dir ungefähr 30 Minuten Zeit für die Praxis dieser Meditation. Befolge die Anleitungen Absatz für Absatz mindestens eine Woche oder so lange, bis du sie verinnerlicht hast. Dann kannst du MindBalancing als regelmäßige Meditationspraxis nutzen und dir gelegentlich die Anleitungen durchlesen, um dein Gedächtnis aufzufrischen.

Wirkungen der MindBalancing-Praxis

Dein äußerer, verstandesbetonter Geist wird sich ohne Zweifel die Frage stellen, welche handgreiflichen Ergebnisse du aus dieser Praxis erwarten kannst. Dein innerer Geist wird wahrscheinlich aber schon bald erleichtert über die regelmäßigen Augenblicke von Frieden und Stille aufatmen. Es läßt sich unmöglich genau voraussagen, welchen Nutzen du aus der Meditationspraxis ziehen wirst, weil dein Ausgangspunkt, deine Realität etwas Einzigartiges ist. Ich kann nur aus meiner eigenen Erfahrung und der Erfahrung von vielen anderen sprechen, mit denen zusammen ich gearbeitet und meditiert habe, um dir einige Vorstellungen darüber zu vermitteln, was du erleben kannst.

Deine Lebensenergie kann zentrierter werden, und als Folge davon wirst du wahrscheinlich ruhiger werden. Deine Konzentration wird sich verbessern, und du wirst ein neues inneres Gleichgewicht finden, das dir ein größeres Glücksgefühl gibt. Es wird dir mit ziemlicher Gewißheit gelingen, die Entspannungs- und Atemtechniken auch im Alltagsleben anzuwenden, um dich von störenden äußeren Einflüssen, Emotionen und Sinneswahrnehmungen zu distanzieren. Sei darauf gefaßt, daß du auch empfindsamer und mitfühlender wirst, weil auf der Ebene des inneren Geistes Einheit mit allem und jedem existiert.

Du mußt dir auch dessen bewußt sein, daß sich alte Gewohnheiten und Muster wieder einschleichen wollen, weil sich der Sinnesgeist wehrt. In diesem Buch haben wir an mehreren Stellen darüber gesprochen, auf welche Weise dies geschehen könnte. Auch Lebenskrisen können dich immer wieder von deinem Kurs abbringen. Dann solltest du dir klarmachen, daß ein Leben ohne Konflikt und Krisen in unserer Welt der Dualität einfach nicht möglich ist. Du kannst aber einiges von dir aus tun: Erstens, du kannst Krisen so gut wie dir möglich bewältigen; zweitens, es liegt bei dir, wie tief du dich von einer Krise oder einem Konflikt beeindrucken läßt; und drittens, du kannst jede Krise als eine Lektion sehen, die dir über den Weg gelaufen ist, um dich etwas zu lehren. Vor allem aber mußt du klar erkennen, daß es eine tiefere Realität in dir und um dich herum gibt – eine Realität, die sich jenseits der kleinen und großen Wellen des äußeren Geistes und der Lebenskrisen befindet.

Die Meditation mag dir manchmal wie ein Kampf erscheinen. Wie sehr du dich auch bemühst, der äußere Geist will einfach nicht ruhig werden. Die Techniken mögen dir zwar kurze Augenblicke des Friedens schenken, aber ehe du dich versiehst, wirst du mit deinem ganzen Sein wieder in ein weiteres der unendlichen Themen deines Geistes zurückkatapultiert. Dein Entschluß, deine Aufmerksamkeit nach innen zu lenken, wankt. Außerdem könnte dein Körper dir allmählich weh tun. Wenn das eintritt, dann hör nicht sofort mit der Praxis auf, sondern bemühe dich noch etwas weiter, streng dich noch ein bißchen länger an. Dieser Kampf ist normal: Ähnlich wie im Fitneßcenter trainierst du deinen inneren Geist und machst ihn damit stärker. Sei dabei aber auch nicht zu angespannt. Richte deinen Geist immer wieder auf Entspannung aus.

Du wirst dich vielleicht so fühlen, wie ich es manchmal tue, wenn ich beim Autofahren die Nachrichten im Radio höre. Ich sehe die allgemeine Hektik um mich herum und nehme über das Hören weitere hektische Informationen über all die aufregenden und beunruhigenden Dinge, die in der Welt passieren, in meinen Geist auf. Dann gibt es da diese kleine, kräftige Stimme in mir, die mir versichert: „Das alles ist nicht real" – und manchmal kann ich tatsächlich fühlen, daß es nicht real ist. Dann kann ich spüren, daß es nur einen dünnen Schleier der äußeren Wirklichkeit gibt und daß hinter diesem Schleier, direkt hinter meinem Sehen, meinem Hören und meinem Denken, eine viel größere, eine viel realere Wirklichkeit liegt. Für diese Augenblicke, in denen ich über die Welt der Materie hinaus sehen oder empfinden kann, bin ich sehr dankbar. So kann es sich vielleicht für dich anfühlen, wenn du mit deinem inneren Geist verbunden bist. Wenn du von diesem zentralen Du getrennt und völlig versunken bist in der rasenden Bewegung des äußeren Geistes, dann fühlt sich die äußere Hektik weitaus durchdringender an, und das Rad des Geistes dreht sich immer schneller.

Heute gibt es eine wachsende Zahl von Forschungsergebnissen, die beweisen, daß Entspannungs- und Meditationsmethoden eine nützliche und heilsame Wirkung auf ein breites Spektrum von psychischen und physischen Störungen haben. Du kannst dir selbst versichern, daß die regelmäßige MindBalancing-Praxis, wie sie hier empfohlen wird, eine positive Wirkung auf deine körperliche und geistige Gesundheit haben wird. Aus der Sicht des Yoga ist Meditation die tiefste Form der Heilung. Nichts anderes kann geheilt werden, ohne daß zuerst der Geist geheilt wird, weil im Geist, als der feinstofflichsten Form der Materie, die grobstofflicheren Formen der Materie ihren Ursprung haben. Wenn wir den Geist heilen, dann heilen wir damit seine vielfältigen Ausdrucksweisen, wie beispielsweise den physischen Körper, unsere Beziehungen, unsere Gesellschaft und unseren Planeten. Es gibt jedoch Zeiten, in denen direktere körperbezogene Formen der Heilung notwendig werden. Dazu gehört das umfassende Heilsystem des Ayurveda, das jedoch nicht Thema dieses Buches ist. Es besteht aus Diagnosemethoden, Empfehlungen zur Ernährung und Lebensweise, Kräuteranwendungen und anderen Behandlungsweisen, die auf derselben Philosophie wie das vorliegende Buch beruhen.

Das höchste Ziel der Meditation liegt darin, in Verbindung mit jener größeren Realität, mit Gott tief in deinem Inneren zu sein und von diesem Verbundensein aus in der äußeren Welt zu agieren. Ich hoffe, daß dieses Buch und die MindBalancing-Praxis dir als Hilfen auf deinem Weg dienen können.

Wenn du deine Intuition gebrauchst, wirst du den wahren Zweck erkennen, weshalb du in dieser Welt existierst; und wenn du das herausfindest, dann findest du Glück. … Der einzige Weg, wahrhaft zu wissen und zu leben, besteht darin, die Kraft der Intuition zu entwickeln. Dann wirst du erkennen, daß das Leben einen Sinn hat und daß, was auch immer du tust, deine innere Stimme dich führt. Diese Stimme ist lange Zeit im Sumpf unwahrer Gedanken übertönt worden. Der sicherste Weg, die Ausdruckskraft der Intuition zu befreien, geschieht durch Meditation, früh am Morgen und bevor du am Abend zu Bett gehst.[49]

Die MindBalancing-Gruppenarbeit

Das MindBalancing-Programm ist bisher mit vielen Teilnehmern in ganz Europa durchgeführt worden, darunter hundert Krankenschwestern im Britischen Gesundheitswesen in einem Kurs mit dem Titel *„Für sich selbst und andere sorgen"*. Ich bin fest davon überzeugt, daß mitfühlende Pflege in der Treibhauswelt unter Beschuß von Habsucht und Konkurrenzdenken steht. Wenn wir in unseren Pflegeberufen und -systemen eine echte Betreuung und Fürsorge wiederherstellen und unterstützen, dann können wir die durstigen, ausgetrockneten Pflanzen des Mitgefühls bewässern, die immer noch darum kämpfen müssen, ihre Schönheit in einer gleichgültigen und lieblosen Welt zum Ausdruck zu bringen. Unsere Kurse haben gezeigt, daß die Pflegeberufe danach dürsten.

Der Kurs besteht aus vier anderthalbstündigen Abendsitzungen in Gruppen von zehn Teilnehmern. Das Programm beginnt mit den beiden Entspannungsübungen und wird dann mit der halbstündigen MindBalancing-Meditation fortgesetzt. Die Übungen sind auf Hörkassetten erhältlich, und die Teilnehmer praktizieren die Übungen in der Gruppe und zwischen den Gruppensitzungen auch zu Hause.

Als Ergebnis aus der Einbeziehung der MindBalancing-Praxis in ihr Leben haben Kursteilnehmer von weitreichenden persönlichen und psychologischen Verbesserungen berichtet. Diese Verbesserungen gehen über einfache Streßbewältigung hinaus. Die Veränderungen, die von vielen Teilnehmern verzeichnet werden, fallen in die folgenden Bereiche:

- **Körperliche Verbesserungen:** Rückgang von Kopfschmerzen und Schulterschmerzen; besserer Schlaf; reduzierte PMS-Symptome (Prämenstruelles Syndrom).

• **Inneres Loslassen:** verbesserte Fähigkeit abzuschalten; Dinge nicht persönlich nehmen; eine distanziertere Haltung gegenüber unlösbaren Problemen finden; sich eine „Auszeit" nehmen und sich neu formieren; nicht mehr von Problemen überwältigt werden und ihnen gegenüber objektiver sein.

• **Konzentration/Fokus & Problemlösung:** ruhig bleiben, wenn andere unter Streß stehen; Meditation vor der Arbeit hat Ängstlichkeit reduziert und die Konzentration verbessert; einen Schritt zurücktreten und nachdenken, bevor man reagiert; positiver und optimistischer bei der Arbeit sein; negative Gedanken aufgeben; Reibereien werden in die richtige Perspektive gerückt.

• **Sich selbst und andere wertschätzen:** andere beruhigen können; sich nicht die Probleme anderer aufladen; sich auf ruhige Art durchsetzen; sich selbst mehr wertschätzen; die eigene Arbeit mehr wertschätzen; toleranter sein und weniger (ver)urteilen; mehr akzeptieren; geduldiger mit anderen sein.

Die hier berichteten Wirkungen stimmen sehr gut mit dem überein, wie Robert Emmons spirituelle Intelligenz als eine verbesserte Einstellung gegenüber Problemlösung und Zielsetzung beschreibt. Inneres Loslassen, Zurücktreten, ein besserer Umgang mit Veränderung und unlösbaren Problemen, bessere Konzentration – alles dies weist in die Richtung von Veränderungen, die man bei einem größeren Gleichgewicht zwischen innerem und äußerem Geist erwarten könnte.

Es scheint von besonderer Bedeutung zu sein, professionelle Pflegekräfte Meditation zu lehren, weil sie aus einer inneren Position des Mitgefühls und Losgelöstseins heraus agieren müssen. Wird die Fürsorge für andere jedoch vom Ego bestimmt, dann verbraucht sie viel Energie, und die Seelenqualität der Nicht-Anhaftung kann sich in Form von Zynismus und einem Burnout-Syndrom äußern.

Epilog

Der folgende Brief wurde von einer Krankenschwester geschrieben, die an einem unserer MindBalancing-Kurse teilnahm. Ich danke ihr für die freundliche Genehmigung zum Abdruck:

„Für sich selbst und andere sorgen" – ich für mich würde den Kurs gerne „Wiedergeburt" nennen.

Womit soll ich anfangen? In den letzten paar Wochen ist es zu beachtlichen Verbesserungen gekommen. Einige von ihnen würde ich gerne näher beschreiben.

Die panikartige Angst und Unruhe, die mich ergriff, ehe ich in einen Laden, einen Ort oder eine Situation hineinging, ist fast völlig verschwunden. Manchmal, wenn sie sich wieder einschleicht, hilft mir die Konzentration auf meine Atmung, sie zu überwinden. Freie Tage und Ausgehabende waren Anlaß für ein Gefühl von Unbehagen und Furcht; nun sehe ich ihnen erwartungsvoll entgegen und freue mich darauf.

Ich habe meine Gedankenklarheit zurückgewonnen. Wieder einmal kann ich das seine Farbe wechselnde Herbstlaub in seiner ganzen Pracht erkennen. Unentschiedenheit, Ruhelosigkeit und Gefühlsaufruhr sind vorbei. Der Schlaf ist ungestört und erfrischend; die Müdigkeit ist immer noch da, aber nicht mehr so erschöpfend. Die Kopfschmerzen, die an den meisten Tagen eine ständige Belastung waren, sind weitaus seltener geworden.

Wenn ich Dinge nur für mich tue, ist das nicht mehr mit Schuldgefühlen verbunden. Auch die Selbstvorwürfe und die wachsenden Listen von Mißerfolgen und Fehlern sind nicht mehr so offensichtlich.

Ich bin fest davon überzeugt, daß sich mit fortgesetzter Praxis des dort Gelernten noch größere Vorteile zeigen werden – zumindest eine erhöhte Fähigkeit, mit Schwierigkeiten und künftigen Problemen umzugehen, wenn sie auftauchen.

Als ich zum ersten Mal bei der Gruppe mitmachte, gab mir eine andere Teilnehmerin den Rat: „Eine kluge Frau gießt zuerst ihren eigenen Garten" – ich lerne es gerade!

Danke.

Über den Autor

Reinhard Kowalski, geboren 1948 in Dortmund, studierte an der Freien Universität Berlin mit dem Abschluß zum Diplom-Psychologen. Danach folgten Diplome in Verhaltenstherapie, Klinischer Psychologie und Psychosynthese. Seit Ende der 70er Jahre lebt er in England, wo er als klinischer Psychologe und Psychotherapeut tätig ist; zu seinem Wirkungsbereich gehört das britische Gesundheitswesen und die psychotherapeutische Arbeit sowie Lehrtätigkeiten und Supervisions-Betreuung – in der Einzel- und Gruppentherapie. Zudem engagiert er sich innerhalb der *British Psychological Society* in einer Sondergruppe holistisch orientierter Psychologen sowie der Interessengruppe Spiritualität des *Royal College of Psychiatrists.*

1998 begann er neben der psychologischen Praxis mit dem Studium des Ayurveda in London. Es folgten Studienaufenthalte in der weltweit anerkannten Einrichtung *The Ayurvedic Institute* in Albuquerque, New Mexico, bei Dr. Vasant Lad sowie das Studium der Texte seines zeitweisen Mentors, Dr. David Frawley, Leiter des *American Institute of Vedic Studies* in Santa Fé.

Aus der Begegnung zwischen zwei Blickwinkeln, dem der Psychologie und dem des Yoga und Ayurveda, entstand das Projekt „Brückenbau Ost-West“, das unter anderem zum Aufbau des Sattva-Centers in der Nähe von London führte. Eine psychologische und spirituelle Flußüberquerung, initiiert auch durch die Lehren Paramahansa Yoganandas und inspiriert von neuen Erkenntnissen in der Kosmologie, Evolutions- und Bewußtseinsforschung.

Innere und äußere Krisen, die vorherrschende Konsumhaltung, Zwänge, Ängste und Depressionen – unsere gegenwärtige Lebenssituation in einer „Treibhauswelt“ sieht Reinhard Kowalski als spirituelle Chance, selbst voll und ganz Verantwortung zu übernehmen. Und Verantwortlichkeit bedeutet für ihn: für andere ebenso wie für sich selbst sorgen und dadurch auch sich selbst erkennen – in einem höchstmöglichen Zustand der Wachheit und Achtsamkeit.

Immer besteht die Chance, den Sprung in das Bewußtsein der Einheit zu wagen. Mit diesem Blickwinkel arbeitet Reinhard Kowalski an der Integration der Einheitsvisionen des östlichen Yoga mit den praktischen Therapieansätzen der westlichen Psychologie, um den Impuls zu geben, daß Körper, Geist und Umwelt wieder heil werden können.

Die grundlegende Emotion jedes Therapeuten sollte die Liebe sein, die durch Mitgefühl und Nicht-Anhaftung geprägt ist, denn sie ist die einzige Haltung, welche die Wahrnehmung und das Fühlen, Geist und Herz, nicht einschränkt. Sie läßt uns den Weg der Heilung gehen, der darin liegt, von der Einheitsperspektive des höheren Selbst aus Selbstliebe und Selbstachtung zu entdecken und diese dadurch auch bei anderen zu erwecken.

In Großbritannien werden bereits regelmäßig Seminare zum „Yoga der Gefühle" angeboten unter: www.sattvacenter.co.uk, Seminare in Deutschland beginnen im Laufe des Jahres, aktuelle Termine können unter: www.windpferd.de eingesehen werden.

Anmerkungen und Literaturangaben

1 David Frawley: *Die spirituelle Praxis des Vedanta.* Windpferd, Aitrang 2003; S. 19.
2 Vivekananda: *The Yogas and Other Works.* Ramakrishna-Vivekananda Center, New York 1984; S. 251/252.
3 Paramahansa Yogananda: *The Divine Romance.* Self-Realization Fellowship, Los Angeles 1986; S. 460/461.
4 Paramahansa Yogananda: *God talks with Arjuna – The Bhagavad Gita.* Self-Realization Fellowship, Los Angeles 1995; S. 446.
5 *Resurgence,* July/August 2002; S. 6.
6 David Frawley: *Vom Geist des Ayurveda.* Windpferd, Aitrang 1999; S. 120.
7 David Frawley: *Ayurvedic Healing Correspondence Course.* American Institute of Vedic Studies, Santa Fé 1996; S. 12.
8 Mark Williams, John Teasdale und Goleman.
9 Robert Wright, Interview: What is Enlightenment? *Moksha Press,* Spring/Summer 2002; S. 105.
10 Roberto Assagioli: *Transpersonal Development.* Crucible, London 1991; S. 213.
11 Weitere Informationen sind erhältlich bei: Self-Realization Fellowship, 3880 San Rafael Avenue, Los Angeles, CA 90065-3298, USA. Website: www.yogananda-srf.org.
12 Weitere Informationen sind erhältlich bei: Ananda Assisi, Via Montecchio 61, I-06025 Nocera Umbra (PG), Italien. Website: www.ananda.it
13 David Frawley: *Ayurvedic Healing.* 2., überarb. u. erw. Aufl. Lotus Press, Twin Lakes 2000; S. 337/338.
14 Paramahansa Yogananda: *God talks with Arjuna – The Bhagavad Gita.* Self-Realization Fellowship, Los Angeles 1995; S. 269.
15 David Frawley; *Das große Handbuch des Yoga und Ayurveda.* Windpferd, Aitrang 2001; S. 26.
16 Paramahansa Yogananda: *God talks with Arjuna – The Bhagavad Gita.* Self-Realization Fellowship, Los Angeles 1995; S. 267.
17 David Frawley: *Das große Handbuch des Yoga und Ayurveda.* Windpferd, Aitrang 2001; S. 31.
18 Diese Definition der Gunas stammt aus der berühmten Übersetzung von Sir Edwin Arnold: *The Song Celestial or Bhagavad Gita.* Self-Realization Fellowship, Los Angeles 1989; S. 153.
19 David Frawley: *Vom Geist des Ayurveda.* Windpferd, Aitrang 1999; S. 38.
20 Abdruck aus David Frawley: *Vom Geist des Ayurveda.* Windpferd, Aitrang 1999; S. 40.
21 Paramahansa Yogananda: *God talks with Arjuna – The Bhagavad Gita.* Self-Realization Fellowship, Los Angeles 1995; S. 917/918.
22 Swami Kriyananda: *The Hindu Way of Awakening – Its Revelation, Its Symbols.* Crystal Clarity Publishers, Nevada City 1998; S. 50/51.
23 Thom Hartmann: *The Last Hours of Ancient Sunlight.* Hodder & Stoughton, London 2001; S. 112.
24 Swami Sri Yukteswar: *The Holy Science.* Self-Realization Fellowship, Los Angeles 1990.
25 Thom Hartmann: *The Last Hours of Ancient Sunlight.* Hodder & Stoughton, London 2001; S. 207.

26 J. Donald Walters (Swami Kriyananda): *Awaken to Superconsciousness.* Crystal Clarity Publishers, Nevada City 2000; S. 39/40.
27 Franz von Assisi: *Laudes Creaturarum.* Minerva Editrice, Assisi 1992; S. 2.
28 Paramahansa Yogananda: *God talks with Arjuna – The Bhagavad Gita.* Self-Realization Fellowship, Los Angeles 1995; S. 379.
29 Paramahansa Yogananda: *Man's Eternal Quest.* Self-Realization Fellowship, Los Angeles 1992; S. 175.
30 Michael Talbot: *The Holographic Universe* (dt. Ausg. *Das holographische Universum;* Droemer Knaur, München 1992, vergr.). HarperPerennial, New York 1992; S. 138.
31 Paramahansa Yogananda: *God talks with Arjuna – The Bhagavad Gita.* Self-Realization Fellowship, Los Angeles 1995; S. 184/185.
32 Diesen Bereich behandeln die Kognitive und die Verhaltenstherapie – siehe Reinhard Kowalski: *Discovering Your Self.* Routledge, London 1993.
33 Siehe Nick Duffell & Helena Lovendahl: *Sex, Love and the Dangers of Intimacy.* Thorsons, London 2002.
34 Sir Edwin Arnold [Übs.]: *The Song Celestial or Bhagavad Gita.* Self-Realization Fellowship, Los Angeles 1989; S. 22/23.
35 Robert A. Emmons: *The Psychology of Ultimate Concerns – Motivation and Spirituality in Personality.* The Quilford Press, New York 1999.
36 Ebda., S. 5.
37 David Frawley: *Vom Geist des Ayurveda.* Windpferd, Aitrang 1999; S. 211.
38 Sri Daya Mata: *Enter the Quiet Heart.* Self-Realization Fellowship, Los Angeles 1998; S. 43-46.
39 Paramahansa Yogananda: *Autobiography of a Yogi.* 1. Aufl. 1946, Nachdruck bei Crystal Clarity Publishers, Nevada City 1995; S. 467.
40 Für weitere Einzelheiten siehe die Ananda-Website: www.ananda.org.
41 J. Donald Walters (Swami Kriyananda): *The Promise of Immortality.* Crystal Clarity Publishers, Nevada City 2001; S. 46/47 (mit freundlicher Genehmigung des Autors).
42 Siehe zum Beispiel *Anxiety and Stress Management Toolkit* (Winslow, Bicester 1999); *Relaxation Tools CD* (Joliko, Maidenhead 1997). Für weitere Einzelheiten Kontaktaufnahme mit dem Sattva-Center.
43 Paramahansa Yogananda: *Where There Is Light.* Self-Realization Fellowship, Los Angeles 1988; S. 86.
44 David Frawley: *Vom Geist des Ayurveda.* Windpferd, Aitrang 1999; S. 104.
45 Paramahansa Yogananda: The God-given Purpose and Potentials of the Human Body-Temple, in: *Self-Realization Magazine.* Self-Realization Fellowship, Los Angeles, Spring 2000; S. 21.
46 Für weitere Einzelheiten siehe David Frawley: *Das große Handbuch des Yoga und Ayurveda.* Windpferd, Aitrang 2001; S. 231f.
47 Paramahansa Yogananda in: *Self-Realization Magazine*, Spring 2000; S. 20.
48 Paramahansa Yogananda: *God talks with Arjuna – The Bhagavad Gita.* Self-Realization Fellowship, Los Angeles 1995; S. 311.
49 Paramahansa Yogananda: *Journey to Self-Realization.* Self-Realization Fellowship, Los Angeles 1997; S. 111/112.